L'Apprentissage de soi

Exercices spirituels de Socrate à Foucault

Groupe Eyrolles
61, bd Saint-Germain
75240 Paris cedex 05

www.editions-eyrolles.com

Chez le même éditeur :

Luc de Brabandere, *Petite Philosophie des histoires drôles*.

Bérangère Casini, *Vivre avec philosophie*.

Gilles Prod'homme, *S'exercer au bonheur, la voie des stoïciens*.

Éric Suárez, *La philo-thérapie*.

Balthasar Thomass, *Être heureux avec Spinoza*.

Eugénie Vegleris, *Vivre libre avec les existentialistes*.

Du même auteur :

Exercices spirituels dans la phénoménologie de Husserl chez L'Harmattan.

© Groupe Eyrolles, 2009
ISBN : 978-2-212-54290-5

Xavier PAVIE

L'Apprentissage de soi

Exercices spirituels de Socrate à Foucault

EYROLLES

Sommaire

Sommaire

Introduction

Choisir d'ouvrir un ouvrage intitulé *L'Apprentissage de soi* n'est bien sûr pas tout à fait neutre. Les deux mots majeurs qui composent le titre, même si on les comprend spontanément, au moins intuitivement, peuvent être une source d'interrogations. En effet, qu'est-ce que l'apprentissage ? Est-ce apprendre ? Est-ce une formation ? Une initiation ? Est-ce tout cela à la fois ? Par ailleurs, qu'est-ce que le « soi » ? Mot si court qui renvoie à sa propre personnalité, à sa propre individualité, sa propre intimité… Ces rapides interrogations se complexifient dès lors que les mots sont mis l'un et l'autre en perspective et s'articulent, se mêlent entre eux : apprentissage avec soi.

Aborder un tel ouvrage n'est donc pas sans questions, tout comme ce n'est pas sans effets. Peut-être même que tout l'enjeu du livre tient dans cette seule notion d'effets. Dans toute la littérature, nombreux sont les textes qui produisent des effets, qu'ils soient romans, contes, essais, poésie, discours… Cependant, dans cet ouvrage, les effets s'établissent à deux niveaux distincts. Le premier concerne les effets qu'ont produits les auteurs, les philosophes que nous allons voir ; ce qu'ont bien pu produire leurs philosophies, les conséquences sur eux-mêmes comme sur leur environnement. Le second niveau s'adresse directement au lecteur de cet ouvrage. Les philosophies développées ont-elles un impact sur lui ? Ont-elles produit des conséquences ? Autrement dit, le fait qu'il se plonge dans la vie philosophique, dans l'existence philosophique de certains auteurs et leurs concepts, provoque-t-il des effets sur lui ?

C'est tout l'enjeu de l'ouvrage car, contrairement à un roman qui, certes, peut provoquer des effets, mais presque à notre insu, ici les choses sont clairement annoncées dès le titre : il y a des conséquences sur soi à lire un tel ouvrage. Ce peut être la volonté de prolonger la connaissance d'un auteur, le désir de s'approprier un concept, ou même un rejet de ces systèmes de pensée… Personne ne sait, hormis le lecteur, quelles seront les conséquences. Quoi qu'il en soit, les engagements pris par les auteurs que nous allons parcourir, leurs propositions d'existence ne peuvent laisser indifférent. Il y a de l'engagement dans une telle lecture, et un engagement produit nécessairement des effets, des conséquences sur soi. Cela tient au fait que ces philosophes ne philosophent pas de façon théorique, ou pas uniquement ; ils vivent leur philosophie, ils la pratiquent dans leur quotidien, face à leur environnement, face au monde, face aux autres, face à eux-mêmes.

Ainsi, ouvrir *L'Apprentissage de soi*, c'est oser aller à la rencontre de philosophes capables de changer la vie comme ils ont changé la leur ; c'est aussi aller à la rencontre de soi. À l'aide de la philosophie, d'« exercices spirituels » – terme sur lequel nous allons nous attarder –, les philosophes ont accompli un apprentissage d'eux-mêmes. En cela, les exercices spirituels sont une fin en soi. Ils ont un objectif, qui est de vivre en philosophe, de s'exercer à philosopher, d'apprendre à vivre sa vie philosophiquement.

Tout au long de cet ouvrage, nous allons voir différentes façons d'aborder une vie en philosophe : Montaigne, Épicure, Thoreau, Foucault – pour ne citer qu'eux – ont cherché à pratiquer des exercices spirituels, que ce soit à travers leur vie ou à travers leurs idées. Ce sont ces vies singulières, ces philoso-phies engageantes et « pratiques » que nous allons découvrir ensemble, incitant chaque lecteur à trouver ici et là une idée, un concept, une méthode, une proposition qui fassent sens pour lui et, peut-être, le poussent à s'exercer à philosopher dans son quotidien.

Pourquoi des exercices spirituels ?

Nous venons, en quelque sorte, de définir l'objectif de ce livre : présenter quelques philosophes, quelques philosophies où il est fait usage d'exercices spirituels, et aider à trouver des clefs pour se les réapproprier, les utiliser. Mais dans quel but ? Quels sont les objectifs des exercices spirituels ? Ils sont nombreux et dépendent, bien entendu, des différents philosophes abordés. Toutefois, tous ceux que nous allons croiser dans cet ouvrage ont un même dogme : « Vivre du mieux possible. » Cette expression est probablement celle qui peut le mieux rassembler l'ensemble des philosophies que nous allons parcourir, même si elle a des corollaires en fonction de chacun, comme « vivre selon le Bien », « atteindre le bonheur », ou encore « avoir une vie heureuse ». De façon plus ou moins claire, ces philosophes ont pratiqué à leur manière des exercices spirituels leur permet-tant d'atteindre ces objectifs. Tous ont pleinement conscience de leur condition d'homme mêlant joies, peines, petites et grandes difficultés de la vie. Et leur unique façon de se comporter face à ces aléas, qu'ils soient joyeux ou tristes, sera de les vivre du mieux possible. Ayant mûri et compris que la vie est une somme de méandres aléatoires plus ou moins complexes, ils articulent leur existence de façon à vivre du mieux possible. Ces exercices spirituels sont comme un régula-teur de ces méandres, permettant de pondérer les difficultés qui surviennent comme les joies éphémères. Il est donc ques-tion de vivre du mieux possible les peines, vivre du mieux possible les joies, vivre du mieux possible son quotidien. Les

3

possibilités ne sont envisageables qu'au prix d'une certaine connaissance de soi, d'un « Apprentissage de soi ». Pour faire une comparaison un peu triviale, les exercices spirituels agissent en quelque sorte comme un transformateur électrique ; ils régulent les intensités de la vie, quelles qu'elles soient.

Si ces auteurs pensent tous que « vivre du mieux possible » est ce qu'il faut viser, tous ne prennent néanmoins pas le même chemin. Nous verrons ces différents chemins empruntés afin de comprendre au plus près la voie qu'ils nous proposent. Les philosophes que nous parcourrons ne se connaissent pas forcément, ne se sont pas nécessairement lus, mais ils semblent toutefois avoir emprunté un trajet commun pour atteindre les objectifs des exercices spirituels – sans toutefois utiliser littéralement l'expression –, celui-là même que nous regarderons ensemble.

Vers une définition de la notion d'« exercice »

Le terme « exercice » est simple à comprendre. Il prend son étymologie dans le latin *exercitium* et signifie l'« action d'exercer quelqu'un à quelque chose » ou de « s'y former soi-même ». Les définitions académiques de ce mot montrent que l'exercice peut concerner le corps – exercer son corps à faire quelque chose –, ou l'esprit : faire un exercice de mémoire, par exemple. La notion d'exercice est intimement liée à la notion de travail, d'entraînement et de répétition.

Vers une définition du spirituel

Terme, à l'évidence, plus compliqué à cerner, car plusieurs définitions sont données et peuvent varier en fonction de la source. Notons d'ailleurs qu'aucun dictionnaire ne se risque à donner une définition précise de la spiritualité. Essayons cependant d'observer quelques définitions afin d'en dégager un sens global.

Les dictionnaires classiques et contemporains montrent en première définition que le latin de spirituel est *spiritualis*, qui signifie « ce qui est esprit, ce qui n'a pas de corps ». Le « spirituel » est souvent utilisé dans des expressions du type : vie spirituelle, concert spirituel, médecins spirituels… Dans toutes ces dimensions, on retrouve les notions de méditation, de contemplation, de vie intérieure. Le *Dictionnaire critique de théologie*[1] expose, quant à lui, l'enracinement du mot dans la religion, en précisant que le terme « spirituel » a deux acceptions. Il peut, en effet, se référer à l'Esprit Saint et désigner alors un rapport vital avec lui ; mais il peut aussi se référer à une dimension de l'être humain qui est l'âme et à sa capacité d'entrer en rapport avec Dieu. Enfin, Barthélemy Mercier de Saint-Léger, dans son *Nouveau Dictionnaire*[2] édité à la fin du XVIIe siècle, montre que l'origine du mot existerait depuis la seconde moitié du Xe siècle dans le sens d'*esperitiel*, qui signifie la nature immatérielle, de l'ordre de l'esprit. Il s'agit, dès lors, d'interroger le mot « esprit » qui, lui, vient de *spiritus*, un dérivé de *spirare* qui signifie souffle, vent, et désigne le principe de la vie : l'âme. C'est dans un sens similaire qu'est défini le mot « spiritualité » dans le *Vocabulaire technique et critique de la philosophie*[3] de Lalande, où il est dit que celle-ci définit la « *vie de l'esprit* ».

La notion de spirituel tourne donc autour de ce qui est immatériel, de l'âme, de la nature de l'esprit. C'est une activité de l'esprit, où la raison ne semble pas apparaître sans pour autant en être exclue. Cette activité de l'esprit fait corps avec les perceptions sensorielles et, en même temps, avec les interrogations métaphysiques qui englobent la réflexion sur soi en la reliant à son environnement, à ce qui l'entoure.

---

1. Jean-Yves Lacoste (sous la dir. de), *Dictionnaire critique de théologie*, PUF, 2007.
2. Barthélemy Mercier de Saint-Léger, *Nouveau Dictionnaire*.
3. André Lalande, *Vocabulaire technique et critique de la philosophie*, PUF, 1991.

La religion, notamment chrétienne, a utilisé très tôt et abondamment le terme « spirituel » pour désigner le rapport de l'esprit, de l'âme, avec Dieu. Toutefois, il est fondamental de rappeler que le rapport à l'âme n'est pas uniquement déterminé par la religion ou Dieu. Et la philosophie antique est là pour le montrer, ne serait-ce qu'en considérant les différents *Fragments*[1] d'Héraclite (VIe siècle av. J.-C.), où il est dit que l'âme naît de l'eau. Mais aussi chez Démocrite (Ve siècle av. J.-C.), Empédocle (Ve siècle av. J.-C.), chez les épicuriens (IVe siècle av. J.-C.) et les stoïciens (IVe siècle av. J.-C.), où l'âme apparaît d'abord comme le principe d'organisation du vivant, et, qui plus est, possède la singularité d'être matérielle, sous forme d'atomes, par exemple.

Le spirituel est libre, et c'est en cela que l'on peut dire que la raison ne peut en être exclue ; de fait, les Églises s'en sont toujours méfiées en le confisquant aux hommes. C'est d'ailleurs parce qu'il est libre, individuel et subjectif que les religions ont eu la volonté de le contrôler. Il peut conduire à Dieu, comme il peut tout autant ignorer son existence. Cette liberté a pu créer des religions sans Dieu et, à l'évidence, il peut y avoir un « spirituel » sans Dieu. Dès lors, la notion de spiritualité est neutre en regard de celle de « foi en Dieu » ; la spiritualité est la rencontre et le questionnement de sa propre vie intime, sa vie intérieure. En cela, elle se dissocie de la foi religieuse, qui, elle, est extérieure car se réfère à un Dieu transcendant.

Le spirituel semble donc être un inconnu, mais pas pour soi. Le spirituel est connaissable de soi et par soi, il ne s'appuie sur rien d'extérieur à soi ; c'est une expérience subjective qui se vit de l'intérieur. Cela, dès lors, le distingue des religions, qui se manifestent par des rites extérieurs, des mythes et des dogmes. La religion est, en effet, extériorité de gestes, de comportements, de conventions. Le spirituel, lui, est individuel, sensible aux

---

1. Héraclite, *Fragments*, Flammarion, 2002.

émotions, excentré par rapport à lui-même, mais toujours intérieur, et c'est cette dimension qui est capitale. Il est, par ailleurs, pleinement ancré dans la vie, ce qui le rapproche très clairement de la notion de « vivre du mieux possible » car il peut accepter, voire exiger, une forme de discipline, une forme d'ascèse dans le but de vivre l'existence de la façon la plus entière, la plus pleine, la plus intense possible.

Il est fondamental de distinguer le spirituel du religieux : le spirituel est tout à fait hors de toute religion, même si leur intrication a été forte, notamment du fait que le spirituel a été confisqué par le religieux. Cette confiscation a eu lieu pour deux raisons majeures. La première est que, jusqu'au XIXe siècle, la religion chrétienne a pris le monopole de tout ce qui concerne la vie de l'esprit. De fait, la vie spirituelle, l'expérience spirituelle n'a été possible qu'au travers de paramètres chrétiens. La seconde est que l'idée de Dieu est polymorphe ; le rattachement de la spiritualité à Dieu s'est donc effectué sous des significations parfois radicalement différentes. Le spirituel a ainsi longtemps été considéré comme une forme de la foi, et la différence avec un spirituel sans Dieu est non seulement difficile, mais parfois impossible, à cause des amalgames, des utilisations abusives de l'expression « exercice spirituel » par la théologie, comme, par exemple, chez Loyola que nous allons voir.

L'association « exercice » et « spirituel » donne à penser qu'il y a un « exercice », c'est-à-dire un travail, un entraînement dans un rapport à et/ou sur l'âme. Pour la théologie, ce rapport à l'âme n'a qu'un objectif : Dieu. Toutefois, nous voyons clairement que cette posture est loin d'être la seule envisageable ; l'âme, l'esprit, le spirituel n'est pas la chasse gardée des religions et, d'ailleurs, n'apparaît dans aucune religion originellement.

Notons qu'au cours de cet ouvrage nous emploierons bien évidemment l'expression « exercice spirituel » en dehors de tout contexte religieux, uniquement dans la dimension que nous venons de décrire : un travail de l'âme en soi, un exercice pour parcourir la voie de la sagesse.

Chapitre 1

Les accents religieux

Ignace de Loyola : une appropriation abusive de l'expression « exercice spirituel » dans la religion chrétienne

Nous voyons clairement en quoi l'expression « exercice spirituel » se vit associer aux religions, en dépit d'une essence qui n'y prend absolument pas son origine. Cela sera d'autant plus clair avec les philosophes que nous proposons d'étudier car, comme nous l'avons souligné, leurs exercices spirituels sont tournés vers un mieux-vivre, quand les religieux se tournent vers une communion avec un Dieu transcendant. Pour clore définitivement cette problématique, il nous semble intéressant, dans cette introduction, de ne pas rejeter Loyola d'un revers de main, mais au contraire d'asseoir notre argumentation en analysant rapidement ce que sont ses « exercices spirituels », et quelle réappropriation religieuse au sens large il a pu en être fait.

Histoire des exercices spirituels de Loyola

Ignace de Loyola commença à écrire ses sentiments, ses imaginations, plus ou moins pieux lors de la convalescence d'une blessure à Pampelune en 1521. On ne sait cependant si ses écrits sont déjà le début des exercices spirituels. Son livre *Exercices spirituels*[1] est l'un des piliers du rassemblement jésuite, La Compagnie de Jésus. Sa singularité est d'avoir été dépossédé de son auteur ; même s'il est reconnu comme étant d'Ignace de Loyola, ce livre a très tôt été la possession de l'Église, et a été mis sous sa protection après son approbation par le pape Paul III.

Il faut avoir à l'esprit que les exercices n'ont pas été écrits par Loyola pour être lus, mais pour aider, à travers une méthode, à trouver la volonté de Dieu dans l'orientation de sa vie. Grâce à la déposition de Mencía de Benavente, nous savons qu'Ignace enseignait les commandements, les péchés à partir des *Évangiles*, notamment de saint Paul, mais aussi des autres saints. Il prescrivait également l'examen de conscience deux fois par jour, conseillant de se confesser et de communier chaque semaine.

L'expérience des exercices spirituels de Loyola se déroule sur quatre semaines dédiées à la reconnaissance des péchés, à la contemplation du règne de Jésus-Christ et à l'incorporation de Dieu dans celui qui va pratiquer les exercices spirituels. Il est très clairement exprimé dans l'ouvrage qu'il ne faut pas essayer de comprendre, mais de regarder et se laisser illuminer, attiré par Dieu.

Ignace de Loyola donne explicitement sa définition des exercices spirituels en précisant que, lorsque l'on pratique ces exercices, « *nous nous entretenons avec le Seigneur Dieu ou ses saints* ». Il considère singulièrement qu'il faut s'examiner soi-même, et que cet examen ne se fait pas seul, mais avec Dieu.

Le principe des exercices spirituels de Saint Ignace de Loyola est très éloigné de ceux que nous verrons chez les philosophes dans leur volonté de mieux vivre. Cela est d'abord lié au fait que les exercices étaient dispensés par un instructeur. Ignace

_____

1. Ignace de Loyola, *Exercices spirituels*, Seuil, 1982.

précise même que celui qui donne les exercices doit être « *informé des pensées inspirées par les divers esprits attirant à des choses plus ou moins bonnes, afin de lui prescrire certains exercices spirituels adaptés au besoin présent de l'âme* ». Cette disposition est tout à fait à l'opposé des prescriptions des philosophes stoïciens et épicuriens, par exemple, qui proposent un examen de conscience de soi par soi ; précisant qu'il s'agit de s'observer, de se regarder, de se juger, de réussir à être soi-même un autre pour s'observer. Or, chez Ignace de Loyola, l'autre n'est pas un autre soi, mais autrui : c'est un instructeur. L'essence est radicalement différente des exercices spirituels.

Néanmoins, il y a, dans le livre de Loyola, de nombreux moments où les exercices « quotidiens » pourraient faire écho aux exercices stoïciens. Ignace demande, par exemple, que le matin, l'après-midi ou le soir, il y ait une vigilance attentive à soi. Il explique clairement que cette attention portée sur soi a pour but de mieux « *se maîtriser pour le restant du jour* ». Nous verrons que Marc Aurèle avait déjà émis cette proposition... Cependant, le contenu de cette attention va être radicalement différent des exercices spirituels antiques. En effet, ce sur quoi la vigilance doit être particulièrement observée est le péché, le vice qu'il faut corriger, et non la recherche d'une vie heureuse. Lors de l'examen de l'après-midi proposé par Loyola, celui-ci précise même qu'un appel à Dieu est nécessaire pour pouvoir « *se rappeler combien de fois on est tombé dans ce péché* ». Nous verrons qu'il n'y a aucun point commun sur le fond avec les exercices spirituels des Anciens, où seul le jugement de soi est prôné ; chacun va contrôler, analyser, regarder ce qu'il veut changer en soi sans idée de péché ou de vice. Il y a une dichotomie évidente entre les exercices spirituels des Anciens, qui cherchent à aider l'homme à vivre selon le Bien, du mieux possible, et ceux d'Ignace de Loyola, qui cherchent à ôter de l'homme vices et péchés sous le regard d'une souveraineté divine.

L'essence des exercices spirituels de Loyola

Le contenu des soi-disant exercices spirituels ignatiens est donc uniquement centré sur Dieu et le divin. L'« appel » à Dieu, imploré par Ignace, s'effectue tout au long du livre. Le modèle qu'Ignace propose pour un examen général est en premier lieu de « *rendre grâce au Seigneur notre Dieu pour les bienfaits reçus* ». Nous pouvons constater ce besoin de la présence de Dieu dans ce qui est proposé dès la première semaine des exercices, où Ignace explique que le premier acte est une prière « *où nous demandons au Seigneur la grâce* ». Et quand ce n'est pas Dieu directement qui est évoqué, cela reste toutefois de l'ordre du divin : les saints, les anges. Ainsi, au deuxième exercice de la première semaine, Ignace exige de l'exercitant[1] qu'il se demande comment les anges « *qui tiennent le glaive de la justice divine l'ont supporté sans frémir* ».

Il est important, pour comprendre l'esprit des *Exercitia spiritualia*[2] de Loyola, de s'arrêter sur la quatrième semaine, où il expose ce qu'est la contemplation dans une partie spécifique intitulée « *Contemplation pour éveiller en nous l'amour spirituel* ». Il y montre de nouveau comment les exercices sont là pour être serviteurs de Dieu. Il encourage, par exemple, à regarder Dieu à travers chacune des créatures, à voir comment « *descendent du ciel tous ces dons et biens que sont puissance, justice, bonté, science et autre perfection humaine* ».

Le fait que les exercices soient ici centrés sur Dieu ne concerne pas seulement un certain appel à une aide divine, mais parce qu'ils sont véritablement la solution pour consoler l'âme, Dieu est ici la seule issue des soucis de l'homme. Dans les exercices spirituels des philosophes, nous verrons que c'est l'homme, celui qui les pratique, qui possède en lui seul la solution en puissance de ses soucis. Chez Ignace, ainsi qu'il le spécifie dans le chapitre « *Règle* », il « *appartient à Dieu seul de consoler l'âme*

---

1. Celui qui s'exerce aux exercices spirituels.
2. Ignace de Loyola, *Exercices spirituels, op. cit.*

sans aucune cause qui précède la consolation puisque tel est le propre du Créateur que de pénétrer sa créature, de la convertir, de l'attirer et de la transformer tout entière en son amour ». Cela préfigure d'un paradoxe car l'homme, l'exercitant est censé être responsable des exercices, les pratiquer, souvent avec souffrance et humiliation, et, cependant, en dernière instance, il est soumis non plus à lui-même tel qu'on le lui a fait croire, mais à une volonté divine.

Nous avons dit que les exercices spirituels ont pour but de se tourner vers un mieux-vivre, vers un certain mieux-être, comme chez les épicuriens, par exemple, pour qui le plaisir est le seul Bien. Loyola, lui, n'est pas absolument dans l'évitement du souci de mieux vivre. Au contraire, il demande d'éviter les pensées « *qui provoquent la joie […] car une pensée de ce genre empêche les larmes et la douleur pour mes péchés […]. Il vaut mieux susciter le souvenir de la mort ou du jugement ».* Nous sommes ici de nouveau en opposition totale avec le mieux-vivre de la philosophie (pour Épicure, cela n'a pas de sens de penser à la mort car elle n'existe pas tant que nous vivons, et n'existe plus une fois que nous sommes morts). Continuant dans la même optique, Loyola demande à ceux qui s'exercent de s'abstenir complètement « *du rire et des paroles qui provoquent le rire ».*

L'ensemble des « exercices spirituels » de Loyola est tourné vers une certaine nécessité de souffrance, comme le montre le premier jour de la troisième semaine, où Ignace nous dit : « *Dès le lever, je m'efforcerai de m'inciter vivement et moi-même à la tristesse et à la douleur pour les si nombreuses et grandes peines du Christ, […] j'éviterai […] les pensées joyeuses. »*

Apologie de la souffrance physique chez Loyola

Le besoin et la nécessité de souffrance transparent tout au long de l'ouvrage. Loyola préconise, par exemple lorsque l'on commet une faute que l'on ne souhaitait plus faire ou un péché que l'on veut ôter, de « *s'affliger de la chute en se frappant la poitrine »*. L'aspect physique joue un rôle important dans la réalisation des exercices, qu'il faut d'ailleurs « *organiser de telle façon que le premier [...] se fasse à minuit, le deuxième au matin dès que nous sommes levés, le troisième avant ou après la messe alors que l'on n'a pas déjeuné, le quatrième vers l'heure des vêpres, le cinquième une heure avant le souper »*.

Pour que les exercices soient suffisamment engageants d'un point de vue physique, Ignace préconise de supprimer tout confort de literie, n'admettant aucune douceur à ce propos. Cela a un objectif précis : que les douleurs soient « *ressenties dans la chair »* sans toutefois, précise-t-il, « *pénétrer les os »*. Pour s'infliger des coups, il préconise de se servir de fouets faits de petites ficelles pour qu'elles affligent « *le corps en surface et non à l'intérieur »*. Pour lui, les raisons de ces souffrances sont claires : « *La récompense correspondra à la peine. »* On peut donc facilement affirmer que les exercices spirituels d'Ignace de Loyola n'ont strictement rien à voir avec un quelconque rapport au mieux-vivre, mais sont plutôt liés à un mieux-souffrir.

Enfin, grand pourfendeur de la douleur, Ignace de Loyola se mêle aussi de l'alimentation dans son chapitre « *Quelques règles pour trouver la juste mesure dans la nourriture »*, où il précise qu'il faut éviter les plats cuisinés car ils sont favorables à « *l'appétit de pécher et à l'ennemi de tenter »*. Cette restriction vise clairement à éviter un quelconque plaisir en se nourrissant.

Les exercices spirituels de Loyola : une malversation à l'endroit de l'homme

Saint Ignace de Loyola en appelle à Dieu pour la libération, le retour à soi. Il demande une aide « transcendante-extérieure-à-soi » ce qui, outre le fait d'être paradoxal, n'est absolument pas le cas dans les exercices spirituels, où il est question d'un appel de soi à soi. La transcendance, s'il en est une philosophiquement, est le dépassement de soi provoqué par l'homme lui-

14

même, et ne consiste pas à aller chercher dans une divinité quelconque.

La pratique des exercices spirituels, selon Ignace de Loyola, en va même jusqu'au manquement au droit de la liberté de pensée. Dans le chapitre « *Règles* », il définit à la treizième que « *pour être tout à fait d'accord et conformes à l'église catholique, si elle définit qu'est noir ce qui à nos yeux paraît blanc, nous devons de même déclarer que c'est noir* ». Cette atteinte à la liberté d'esprit est profondément en désaccord avec l'idée que les Anciens se font des exercices spirituels, et avec la philosophie elle-même.

La notion d'exercice spirituel, à la lecture d'Ignace de Loyola, est tout à fait usurpée. Ignace semble parfois s'être alimenté des exercices spirituels des Anciens, mais il en a fait quelque chose de radicalement différent. Nous n'entrerons pas ici dans plus de détails, mais il est crucial de considérer l'influence de Loyola. En prenant pied chez les apologistes, Ignace a contribué à ce que les exercices spirituels ont, dans la pensée contemporaine, pris une connotation chrétienne et provoqué les dégâts que nous connaissons, en confisquant abusivement le spirituel indéniablement agnostique (il laisse à chacun la liberté d'une croyance éventuelle).

Une certaine utilisation de l'expression « exercice spirituel » dans le bouddhisme

L'appropriation de la dimension « exercice spirituel » n'est pas exclusive à Ignace de Loyola et à ses influences dans le christianisme. Bon nombre d'autres religions, ou assimilées comme telles, usent également plus ou moins abusivement de cette notion. Le bouddhisme, par exemple, est régulièrement présenté comme une philosophie ou un exercice spirituel. Arrêtons-nous un instant sur ce courant assimilé à une religion, qui est antérieur à Loyola et dont la culture asiatique d'origine est de fait extrêmement éloignée.

Le bouddhisme : une religion, une philosophie ou un exercice spirituel ?

Le bouddhisme émerge des enseignements du Bouddha, originellement en Inde au VIe siècle av. J.-C. Son développement en tant que tel apparaît à partir du IIIe siècle av. J.-C., suite à une réforme du védisme[1], et il se répand ensuite très largement en Asie. Le bouddhisme pourrait sembler être une philosophie, dans la mesure où il s'interroge sur l'existence au sein de l'univers et vise une certaine sagesse. L'objectif du bouddhisme est de sortir l'homme du cycle des réincarnations qu'il subit, cycle ignorant l'homme et l'importance de ses actes. Dès lors que sera supprimé le désir tentateur et qu'il recevra l'illumination parfaite, l'homme pourra atteindre le nirvana, c'est-à-dire la délivrance totale, et parvenir à l'éveil. Il existe deux grands courants majeurs au sein du bouddhisme : le « petit véhicule », où seuls les moines peuvent atteindre le salut, l'éveil, et le « grand véhicule », où chaque individu peut atteindre le salut par ses propres mérites.

Savoir si le bouddhisme est une religion ou une spiritualité est un débat ancien, qui probablement restera ouvert. Ce débat perdure pour plusieurs raisons. Tout d'abord, contrairement aux religions, la révélation divine n'est pas fondamentale pour le bouddhisme ; c'est l'éveil qui l'est, et pour Bouddha les êtres humains ont en eux cette capacité d'éveil. Dans le même temps, des prières existent, comme dans les religions, et sont souvent utilisées pour des invocations – certaines écoles bouddhistes, comme celles qui prônent un bouddhisme de la foi en la divinité bouddhiste *Amida*, considèrent qu'il est possible de prier Bouddha pour qu'il aide à l'accession au nirvana. Par ailleurs, le bouddhisme n'a initialement pas, ou très peu de rituels – ce que les religions possèdent abondamment –,

---

1. Le védisme est l'ensemble des croyances et des comportements rituels qui se sont développés en Inde à la suite de l'immigration des populations aryennes.

mais très rapidement toutes ses mouvances ont comporté de nombreuses fêtes et rites religieux. C'est aussi le cas du zen qui, rappelons-le, est une des formes du bouddhisme axée sur la méditation et l'illumination intérieure, avec ses propres rites pour progresser sur la voie menant au salut : cela s'opère concrètement dans les repas, les ablutions, certains vêtements...

On présente souvent le bouddhisme comme sans Dieu ou divinité, mais il faut dans le même temps accepter que Bouddha lui-même n'en a jamais nié l'existence non plus. C'est d'ailleurs le grand Dieu Brahmâ qui a montré à Bouddha comment guider les hommes vers l'éveil. Bouddha lui-même, dans certains courants, a été compris comme un bouddha divin et présenté comme trois corps – à l'image d'ailleurs de la Trinité chrétienne. Notons aussi que de nombreux bouddhistes prient Bouddha comme les chrétiens prient Dieu. Ce qui est profondément singulier, c'est que dans le berceau même du bouddhisme, en Asie, le débat est moins aigu car il ne fait aucun doute que celui-ci est une religion, avec les éléments le caractérisant comme tel : clergé, moines, temples, monastères, rites, fêtes religieuses, prières, offrandes... Bref, l'ensemble des actes qui se retrouvent tout autant chez les chrétiens que chez les musulmans.

Compte tenu de ces éléments, on peut, sans prendre trop de risques, émettre l'hypothèse que le bouddhisme est une religion ou une assimilée religion, sachant que Bouddha lui-même ne remettait pas en cause le principe de religion. Ce qu'il rejetait des religions, c'était leurs déviances, et le fait de se soumettre à l'autorité de croyances sans apport personnel.

Le bouddhisme ne semble pas faire davantage appel que Loyola à un exercice spirituel, au sens où nous l'avons défini. Le bouddhisme se rattache à une dimension de salut, d'éveil. Il vise un certain nirvana, notamment à travers la méditation, comme le christianisme, à travers la prière, vise Dieu, le Christ.

Les philosophes que nous allons maintenant aborder n'ont absolument pas la même approche. Ce qui compte, pour eux, c'est la vie ici et maintenant, c'est la compréhension du monde qui les entoure, la difficulté de celui-ci, mais aussi les bonheurs et les joies qu'il peut procurer si l'on s'astreint à une certaine ascèse. Contrairement au bouddhisme, il n'y a pas de retrait face au monde dans la philosophie ou, si c'est le cas, ce n'est que de façon temporaire pour mieux le jauger.

Exercices spirituels : l'homme comme primat, l'homme au centre

Plusieurs choses sont à retenir. Tout d'abord, l'exercice spirituel est un exercice, un entraînement de l'esprit, de l'âme. Mais à quelles fins ? Deux axes de réponse sont possibles : pour certains, c'est un entraînement de l'âme en vue de Dieu, du nirvana, de l'éveil ; pour d'autres, plus simplement, mais aussi plus grandement, pour l'homme lui-même afin qu'il vive dans un certain Bien et du mieux possible pendant son existence. Peu importe l'après, peu importe l'avant, l'exercice spirituel, c'est ici et maintenant qu'il s'exerce et sévit. S'il se colore de transcendance, il la cherche en soi, et non à l'extérieur de soi.

Les philosophes que nous allons maintenant aborder ont pu croire en un ou plusieurs dieux, sans que cela ne les importune. Que Dieu existe, ou qu'il n'existe pas, ce n'est en quelque sorte pas leur affaire. Ici et maintenant il n'est pas là, et c'est ici et maintenant que je vis avec ma famille, mes enfants, mes amis… C'est ici et maintenant que je travaille ou que je m'amuse. C'est ici et maintenant que mon âme est présente à moi, en moi et qu'il s'agit d'exercer, de lui apprendre une certaine voie à suivre. Plusieurs voies vont maintenant s'ouvrir. Des voies stoïciennes ou épicuriennes, foucaldiennes ou cartésiennes… C'est avec son propre esprit, sa propre liberté qu'il s'agira de faire son miel de ces approches philosophiques, qu'elles nous viennent de l'Antiquité comme de notre époque.

Ce voyage à travers les siècles, à travers les concepts, à travers les philosophes et leurs pensées va essayer de faire toucher du doigt non seulement la philosophie, mais également sa pratique pour vivre du mieux possible, selon un certain Bien. Ces philosophies ont été mises en pratique par des philosophes. Ils nous ont montré l'exemple, un exemple qu'ils nous proposent de suivre et que chacun peut se réapproprier avec son âme, avec sa conscience.

Chapitre 2

Une pratique des exercices spirituels dans l'Antiquité

L'injonction philosophique peut-être la plus célèbre de toute la philosophie antique fait figure d'exercice spirituel à elle seule. En effet, par son « *connais-toi toi-même* », Socrate appelle à pratiquer la connaissance de soi, à travailler sur la chose que l'on se doit de connaître prioritairement : soi-même. Par cette phrase, Socrate invite à l'exercice spirituel intérieur, à l'examen de conscience, à se soucier de soi, de ses qualités, de ses défauts, de ses actes et de ses pensées. C'est cet esprit, ces questions, ces interrogations qui transpirent chez les philosophes depuis les présocratiques jusqu'à nos jours.

Lier la notion d'« exercice spirituel » à la philosophie – notamment antique – n'est pas une évidence, car on a vu que cette expression semblait émerger au XVIe siècle, conséquemment à l'écriture, par le théologien Ignace de Loyola, de l'ouvrage *Exercitia spiritualia*[1]. Ce lien a été effectué par Pierre Hadot dans son ouvrage lumineux *Exercices spirituels et philosophie antique*[2], qui montre en quoi l'expression « exercice spirituel »

---

1. Ignace de Loyola, *Exercices spirituels*, *op. cit.*
2. Pierre Hadot, *Exercices spirituels et philosophie antique*, Albin Michel, 2002.

peut être rapprochée de quasiment l'ensemble des écoles philosophiques de l'Antiquité. Il s'agit de spirituel, nous l'avons compris, tout à fait détaché d'une quelconque théologie, montrant surtout un besoin de philosopher.

Qu'est-ce que le besoin de philosopher ?

Pour toutes les écoles philosophiques antiques, le souci est ce qui ronge les hommes, ce qui les empêche de vivre en harmonie, sereinement. La philosophie apparaît comme un exercice permettant de surmonter ses soucis et ses angoisses, à l'image de ce que nous dit Épicure : « *Vide est le discours du philosophe s'il ne contribue pas à soigner une passion de l'homme.* »[1]

Toute la philosophie de l'époque hellénistique peut se résumer comme une manière de vivre. Elle apparaît à la fois comme un exercice de la pensée et de la volonté. Elle se présente aussi comme l'atteinte d'une liberté intérieure, un état dans lequel le moi ne dépend que de lui-même, comme le rappelle Pierre Hadot dans un autre ouvrage majeur, *La Philosophie comme manière de vivre*[2].

Il est intéressant de comparer les exercices spirituels à une boîte à outils. L'homme, l'individu se la constitue. L'ayant pleinement en possession et entièrement comprise, puisqu'elle est constituée par lui-même, il peut la sortir et utiliser l'outil adéquat dès qu'il s'agit d'affronter telle ou telle difficulté. Cette métaphore de la boîte à outils, où se trouvent maximes, préceptes, enseignements et méthodes à se remémorer face aux maux, est tout à fait perceptible, sous diverses formes, dans chacune des écoles antiques, qu'elle soit stoïcienne, épicurienne ou cynique...

---

1. Épicure dans les *Sentences vaticanes* in Épicure, *Lettres et maximes*, PUF, 1999.
2. Pierre Hadot, *La Philosophie comme manière de vivre*, Le Livre de poche, 2003.

Avant d'aborder à proprement parler l'exercice spirituel dans une école spécifique, notons que son origine n'est pas facile à repérer historiquement ; ce serait comme vouloir repérer l'origine de la pensée chez l'homme. On peut simplement remarquer que plusieurs origines semblent forger le début des exercices spirituels. Dans l'*Odyssée*[1] d'Homère, par exemple, au VIIIᵉ siècle av. J.-C., il est intéressant de constater que le cyclope s'adresse à son cœur en frappant sa poitrine, lui demandant de savoir être patient. D'autres thèses tendent à montrer que la préhistoire de l'exercice spirituel est à rechercher dans des traditions magico-religieuses et chamaniques de techniques respiratoires et d'exercices de mémoire. Difficile de savoir ce qui relève ou non de l'« histoire » des exercices spirituels, d'autant plus qu'il y a certainement des interactions avec les mythes et la compréhension du monde par l'homme. Pour l'heure, arrêtons-nous sur les « maîtres » des exercices spirituels : les stoïciens.

Le stoïcisme comme manière de vivre

Petite histoire des stoïciens

Les stoïciens font partie de la période dite « hellénistique » (de 324 av. J.-C. à 31 av. J.-C.), tout comme d'ailleurs leurs contemporains épicuriens. Le stoïcisme se découpe en trois périodes distinctes : la première, le stoïcisme ancien (vers 315 av. J.-C.), émane du fondateur de ce courant, Zénon de Citium ; la période intermédiaire se caractérise par Antipater de Tarse autour du Iᵉʳ siècle av. J.-C. ; enfin, la période dite « stoïcisme tardif », peut-être la plus célèbre (Iᵉʳ et IIᵉ siècles apr. J.-C.), trouve trois porte-drapeaux conséquents : Sénèque, Épictète et l'empereur Marc Aurèle. On peut dire, sans prendre trop de

---

1. Homère, *Odyssée*, Gallimard, 1955.

risques, que cette école, concurrente à l'époque de l'épicurisme, a irrigué l'ensemble de la philosophie, et bon nombre de philosophes s'y sont rattachés de près ou de loin, que ce soit Montaigne, Descartes ou Spinoza, par exemple. Mais le stoïcisme a largement dépassé le cadre de la philosophie et les Pères de l'Église se sont approprié un certain nombre de ses positions comme la maîtrise des passions, mais dans un sens qui n'est pas semblable à la proposition stoïcienne.

Chez les stoïciens, contrairement à d'autres écoles de l'Antiquité, il n'y a pas de cours, pas de théories, pas de connaissances à obtenir, mais de l'exercice quotidien sur soi à pratiquer en vue d'être « meilleur ». De façon très sommaire, on peut dire que les stoïciens estiment que si les hommes sont malheureux, c'est parce qu'ils cherchent à atteindre des choses, des biens, qu'ils risquent tout simplement de ne pas obtenir. Ces choses peuvent être de l'ordre du matériel ou de l'immatériel : la possession de terre, la volonté d'être en bonne santé, de ne pas mourir… La philosophie stoïcienne va donc œuvrer à ce que l'homme se détache de ses désirs selon deux axes : ce qui dépend de lui, et ce qui ne dépend pas de lui. Autrement dit, ce dont l'homme peut se préoccuper, et ce dont il n'a pas à se préoccuper. Le stoïcisme est véritablement une manière de vivre car il propose très concrètement des règles de vie, dont les objectifs sont d'atteindre à la fois le bonheur et la sagesse.

Pour les stoïciens, il faut vivre en harmonie avec la nature dans un sens très large. Cela signifie pour l'homme de comprendre l'ordre universel et de s'y conformer. Les stoïciens font le constat que l'homme possède la faculté de raison et de représentation, et doit ainsi être capable de participer à un certain sens universel. Le stoïcien doit maîtriser les passions qui nuisent à son âme par sa propre imagination. Il doit accepter et comprendre que tout ce qui arrive est conforme à un certain ordre universel, notamment ce qui l'affecte comme les choses tristes : décès, maladie, accident, perte, rupture…

La grande maxime stoïcienne est de se préoccuper uniquement des choses qui dépendent de nous, en laissant de côté celles qui n'en dépendent pas. Mais cette maxime n'est pas aussi simple que ce qu'on veut bien lui faire dire. Car même s'il se trouve des choses qui ne dépendent pas de nous, il faut les accepter par notre faculté de raisonnement. C'est cette acceptation qui permettra au sage d'atteindre un détachement, une certaine hauteur, une liberté, une paix de l'âme. Considérer ce qui dépend de soi et ce qui n'en dépend pas, s'en souvenir, se le remémorer, l'avoir en permanence à l'esprit constitue un exercice spirituel, un travail sur soi.

Les stoïciens ne sont pas ignorants des affects et de l'émotion que peuvent générer les hommes, et la maxime ne signifie pas qu'il ne faut pas avoir de tristesse, qu'il ne faut pas avoir de sentiments ou les montrer. Elle veut simplement dire qu'il faut surmonter cette tristesse, qu'il faut la comprendre par le fait que ce qui advient n'est pas dépendant de nous. Le célèbre empereur Marc Aurèle est un bon exemple. Malgré son anticipation stoïcienne face à la mort, la mort de son fils l'affecta terriblement, et il souffrit de sa perte dans une tristesse immense. Toutefois, après quelques jours de recueillement, il se remit de ce décès et retourna vaquer à ses occupations quotidiennes, laissant derrière lui ce qui était advenu, car il ne servait à rien de s'appesantir sur quelque chose qui ne dépendait pas de lui, et dont il ne pouvait plus rien.

Zénon de Citium, le fondateur

Zénon – né à Citium (Chypre) vers 335 av. J.-C. et mort à Athènes, probablement en 262 av. J.-C. – donnait ses cours en marchant dans ce qu'on appelait le « portique des peintures ». C'est pour cela que le stoïcisme se nomme aussi la philosophie du Portique (du grec *stoa*). Les Athéniens admiraient beaucoup Zénon, au point de lui offrir ce qu'aujourd'hui nous appellerions les clefs de la ville. À sa mort, une statue en bronze le représentant fut érigée, ce qui était considéré, à l'époque, comme un monument prestigieux.

Seules quelques anecdotes nous sont rapportées par Diogène Laërce, puisque aucun ouvrage de Zénon de Citium n'est parvenu jusqu'à nous. Ces anecdotes sont importantes, car elles permettent de définir une attitude, un comportement, une manière d'agir et une architecture de la pensée. Ainsi, alors même que l'utilisation d'esclaves était une pratique répandue, Zénon recourait rarement à ce genre de service et, lorsqu'il le faisait, de temps à autre il choisissait une femme afin de combattre la misogynie.

Zénon n'aimait pas trop la foule, et si trop de monde se rassemblait près de lui alors qu'il se promenait avec un ou deux amis, il demandait qu'on le paye. Cela lui permettait de sélectionner les disciples motivés, de les distinguer des simples curieux.

Un adolescent avait de grandes difficultés à résoudre certains problèmes complexes pour son jeune âge. Zénon le traîna de force devant un miroir et lui demanda si un tel visage pouvait résoudre des problèmes si compliqués. Une autre anecdote rapporte qu'un homme, un peu plus âgé cette fois, parlait beaucoup trop. Zénon, que cela agaçait, lui affirma que ses oreilles s'étaient confondues avec sa langue. La parole et l'écoute sont ainsi des thèmes récurrents chez le fondateur du stoïcisme, qui n'hésita pas à expliquer à un jeune homme un peu trop arrogant que si nous avons deux oreilles et une seule bouche, c'est pour écouter, plus que pour parler. La mort de Zénon aussi semble relever de l'anecdote, puisque l'on rapporte qu'il mourut en sortant de son école. Il tomba et se brisa le doigt. Il se mit alors à frapper la terre en disant : « *J'arrive, pourquoi m'appelles-tu ?* » Il retint alors sa respiration et mourut.

Sénèque, de la proximité du pouvoir à la vie recluse

Sénèque est né à Cordoue vers 4 av. J.-C. et est mort en 65 apr. J.-C. Même s'il est né en Andalousie, c'est à Rome, où il arrive à l'âge de vingt ans avec sa famille, que sa formation philosophique se fera. Il suit les cours des pythagoriciens, du stoïcien Attale et du cynique Démétrius. Sénèque est partagé entre l'envie de faire une carrière de philosophe ou d'homme public – ce à quoi l'incite son père. Il choisit le droit et devient un avocat réputé, à tel point qu'il dérange le pouvoir en place. Cela le force à s'exiler en Corse. Agrippine, la mère de Néron, lui demande d'être le précepteur de son fils. Il goûtera alors à la vie luxueuse pendant plusieurs années et composera les discours les plus célèbres de Néron.

Sénèque eut de nombreux ennemis, jaloux de son influence sur Néron, et quitta la vie publique, distribuant, avant de se retirer, l'ensemble de sa fortune. Alors qu'il est proche du pouvoir, il semble avoir gardé en permanence sa liberté de pensée, étant fier d'annoncer qu'il ne s'est jamais « *fait l'esclave de personne, [et] ne porte le nom de personne* ». Il fut accusé de traîtrise, d'avoir voulu tuer Néron, lequel le fera exécuter. Tacite rapporte qu'il s'était préparé à la mort et mourut avec sagesse.

De nombreuses œuvres nous restent de Sénèque, que ce soit des consolations, des dialogues, des traités, des tragédies ou des lettres. Ce sont les dialogues qui sont les plus célèbres, parmi lesquels se trouvent *De la tranquillité de l'âme*[1], *De la vie heureuse*[2], *De la brièveté de la vie*[3], mais aussi ses *Lettres à Lucilius*[4].

---

1. Sénèque, *De la tranquillité de l'âme*, Rivages, 2006.
2. Sénèque, *Dialogues, tome 2 : De la vie heureuse ; De la brièveté de la vie*, Les Belles Lettres, 1981.
3. *Ibid.*
4. Sénèque, *Lettres à Lucilius*, Agora, Press Pocket, 1991.

Si un mot d'ordre devait être retenu de la philosophie de Sénèque, ce serait : vivre ! Dans chacun de ses travaux, il cherche en effet à montrer qu'il y a urgence à vivre, à vivre selon sa propre essence car l'avenir est incertain et la mort menace. Dans ses *Lettres à Lucilius*, il nous dit que « *pendant que l'on attend de vivre, la vie passe* ».

Sénèque est ce que l'on appelle un déiste, c'est-à-dire qu'il croit en Dieu, mais pas en son instrumentalisation religieuse. C'est la nature et le destin qui conduisent la vie. Si l'homme a une liberté et un contrôle à exercer, c'est sur son âme. Cette âme doit être forgée selon trois axes : la connaissance, la recherche de la sagesse et la vie heureuse. Sénèque est donc très pragmatique dans sa philosophie, et chaque action doit se conformer à ce travail sur l'âme au regard de ces trois axes. C'est l'homme, et lui seul, qui doit et peut travailler à sa propre maîtrise de soi, à sa vie.

Sénèque est ce que l'on nomme un directeur de conscience. Ses œuvres sont là pour inciter, montrer, expliquer, influencer… toujours dans l'objectif de forger l'âme de son lecteur ou de son interlocuteur. En disciple fidèle de Zénon, Sénèque reprend la célèbre dichotomie des choses qui dépendent de nous, et des choses qui ne dépendent pas de nous.

C'est la philosophie qui est l'outil majeur pour réaliser ce travail de l'âme, de la conscience, et c'est dans les *Lettres à Lucilius*[1] qu'il explique ce que sont la philosophie et son rôle. Il montre d'ailleurs la différence entre la sagesse et la philosophie. La sagesse est pour lui « *le bien de l'esprit humain à sa perfection* », quand la philosophie est « *le goût et la recherche de la sagesse* ». La sagesse constitue donc le but à atteindre pour la philosophie. Outre la sagesse, la philosophie est indissociable de la

---

1. *Ibid.*

vertu[1], nous explique-t-il encore. Pas de philosophie sans vertu, et pas de vertu sans philosophie. La vertu est l'instrument de la philosophie pour Sénèque. Cela s'explique, selon lui, par le fait que la vertu ne peut exister sans le goût qu'on lui porte, et que le goût de la vertu suppose nécessairement celle-ci.

Au fur et à mesure que Sénèque avance dans sa propre vie, il évolue. Fidèle à ses propres convictions, il propose qu'au début de son existence d'adulte, celle-ci soit répartie entre sagesse et engagement dans la vie publique, c'est-à-dire la politique et la réflexion intime. Mais il conseille, au bout d'un certain temps – probablement lié aux contrariétés qu'il a lui-même eues avec le pouvoir –, de prendre de la hauteur, de la distance avec les choses publiques. Le sage peut être dans l'action, mais il se heurte à de nombreux obstacles, et il vient un temps où prendre du recul est nécessaire, où il faut se replier sur soi, sa famille, la philosophie. Sénèque applique ce qu'il enseigne et, s'écartant du pouvoir, il accentue le repli sur lui-même, pratiquant de façon plus importante encore ce que l'on peut nommer ses exercices spirituels. Il se rappelle à lui-même chaque soir ce qu'il a fait tout au long de la journée et il analyse les résistances qu'il a mises en place pour contrecarrer ses désirs et ses passions.

Sénèque, comme précepteur de Néron, fut très riche. Cette richesse n'était, pour lui, pas plus importante qu'autre chose. Il affirmait qu'il ne faut pas considérer la richesse plus que de raison, ne pas en être dépendant car ce n'est pas une source de bonheur, contrairement à la tranquillité de l'âme.

N'en étant qu'au début de notre parcours, il nous semble intéressant, pour conclure sur Sénèque, de s'arrêter un instant sur un célèbre passage, où il se demande pourquoi il faut étudier la philosophie.

---

1. La vertu est une disposition que l'on choisit visant à la fois le Bien et la sagesse. Chez les stoïciens, la sagesse, le courage, la tempérance et la justice sont des vertus dites « cardinales ».

« *Ce que tu me demandes m'apparaissait clairement en sa nature au moment où je l'étudiais ; mais il y a longtemps que je n'ai pas exercé ma mémoire, aussi m'abandonne-t-elle facilement. Ce qui arrive aux livres dont les feuilles se collent quand on ne les bouge pas, c'est, je crois, ce qui m'est arrivé. Il faut déplier son âme et remuer continuellement tout ce qu'on y a mis en dépôt, afin que cette richesse soit prête chaque fois que le besoin l'exige. Laissons donc pour l'instant la question : elle réclame beaucoup de travail, beaucoup de soin ; dès que je pourrai espérer un séjour un peu long au même endroit, je la reprendrai. Il est des choses que l'on peut écrire même en cabriolet ; d'autres demandent le lit, le loisir, la solitude. Pourtant, dans nos journées occupées aussi et dans toutes nos journées, il faut tendre à la sagesse. Toujours, en effet, nous arriveront de nouvelles occupations ; nous les semons, voici que d'une seule plusieurs surgissent. Alors nous nous accordons un délai : "Dès que j'aurai achevé cela, je m'appliquerai de toute mon âme", ou encore : "Quand j'aurai arrangé cette ennuyeuse affaire, je me donnerai à l'étude." Ce n'est point en vacances qu'il faut philosopher. Nous devons négliger toutes les autres choses pour nous appliquer à un objet pour lequel nous n'aurons jamais assez de temps, notre vie se prolongeât-elle de l'enfance jusqu'aux dernières limites de l'existence humaine. Interrompre l'étude de la philosophie, c'est presque la même chose que l'abandonner ; car cette étude ne demeure pas au point où nous l'avons interrompue, mais semblable à ces ressorts tendus qui oscillent si on les lâche, elle revient à ses débuts quand nous avons cessé de la poursuivre. Il faut tenir en garde contre les occupations, ne pas les développer, mais plutôt les écarter. Il n'est aucun moment qui ne soit favorable à une étude capable d'apporter le salut. Or, beaucoup de personnes n'étudient pas au milieu de circonstances qui devraient les pousser à le faire. Quelque empêchement va-t-il survenir ? Cet incident ne saurait toucher l'homme qui en n'importe quelle affaire sait garder contentement et allégresse. Chez les imparfaits, le contentement s'interrompt, mais la joie du sage est un tissu que n'arrive à rompre aucune cause, aucun coup de la fortune ; partout et toujours la tranquillité demeure. »[1]*

Épictète, atteindre la paix de l'âme

On fait souvent mauvais usage du terme « stoïcien » (ou de l'expression « être stoïque »), tout comme de l'expression « être philosophe », en sous-entendant que celui que l'on qualifie comme tel est impassible à la douleur ou au malheur. Malgré lui, Épictète est peut-être à l'origine de ce mauvais usage, à cause de l'anecdote de sa jambe cassée. Épictète est issu d'une famille d'esclaves, et fut esclave lui-même. Un jour qu'il subissait par son maître une torture, il dit à celui qui commettait le méfait : « *Tu vas la [jambe] casser.* » L'impétrant continue de tordre le membre inférieur, et Épictète répète : « *Tu vas la casser.* » La jambe finit effectivement par céder, et Épictète regarde son maître en concluant : « *Je te l'avais bien dit : voilà ma jambe cassée.* »

Épictète naît en 50 en Asie Mineure, et meurt vers 125. C'est à Rome qu'il apprend le stoïcisme auprès du stoïcien Rufus, avant de l'enseigner lui-même et de fonder une école à Nicopolis, en Épire. Celle-ci deviendra célèbre, au point que l'empereur Hadrien y viendra quelques jours.

Rien ne nous est parvenu directement en termes d'ouvrage. Toutefois, son disciple Arrien a pris de nombreuses notes retranscrites dans les fameux *Entretiens*[2] et le *Manuel*[3]. On notera, à propos de ce premier ouvrage, qu'« entretien », en grec, se dit *enchiridion*, terme que le philosophe Simplicius propose de traduire par « poignard », ce qui est tout à fait intéressant car cela signifie bien cette chose qu'on doit avoir sur soi et dont on doit être prêt à se servir devant les vicissitudes de la

---

1. Extrait de la « *Lettre 72 à Lucilius : il faut sans cesse étudier la philosophie* », in Sénèque, *Lettres à Lucilius, op. cit.*
2. Épictète, *Entretiens*, Les Belles Lettres, 1962.
3. Épictète, *Manuel*, Flammarion, 1997.

vie au même titre que la boîte à outils. Enfin, comme pour Zénon ou Sénèque, l'influence d'Épictète est colossale tant chez les Pères de l'Église que chez Montaigne ou Descartes, par exemple.

Les cours d'Épictète commençaient systématiquement par un commentaire de texte, qu'il soit de Zénon ou de Chrysippe, puis un élève pouvait poser une question, à laquelle le maître répondait librement. La doctrine d'Épictète reprend les catégories classiques stoïciennes, et notamment le célèbre : « *Il y a ce qui dépend de nous, il y a ce qui ne dépend pas de nous* », ainsi d'ailleurs commence-t-il son *Manuel*[1]. Ce livre est une somme de conseils destinés à « mieux vivre » comme l'implorent les stoïciens, à vivre telle que la vie se donne, sans se préoccuper des difficultés qui sont inéluctables et qui ne viendront qu'accroître le malheur sans ne rien changer. Ainsi, conseille-t-il de ne jamais dire, par exemple de sa femme morte : « *Je l'ai perdue* », mais préférablement : « *Je l'ai rendue.* » Il insiste, en effet, pour considérer que les choses ne sont pas possession mais prêt, fait par un quelconque donateur et, dit-il, « *tant qu'il te le laisse, prends-en soin comme du bien d'autrui, ainsi que font de l'auberge ceux qui y passent* ». Il demande aussi de ne pas considérer, et encore moins souhaiter, que les choses adviennent comme on le voudrait, mais d'accepter que les choses arrivent comme elles arrivent, pour vivre des jours heureux.

Parmi les grandes pensées d'Épictète se trouve l'acceptation de la mort. Et, pour l'exprimer, il fait appel à une métaphore. Il explique que si nous sommes en escale lors d'une navigation et que nous ramassons des coquillages, ou d'autres choses sur la plage, il faut toujours garder à l'esprit le navire et le regarder régulièrement, au cas où le capitaine sonnerait le départ. Et si tel est le cas, Épictète recommande de laisser tomber chaque chose ramassée et de partir sur le bateau. C'est pour lui l'atti-

---

1. *Ibid.*

tude à adopter face à la mort, qui peut appeler sans prévenir. Dans ce cas, il faut laisser de côté femme et enfants sans se retourner.

Il est intéressant de noter une première pratique des exercices spirituels dans ses *Entretiens*[1]. Épictète évoque effectivement une tripartition des fonctions de l'âme, trois *topoi*. La première est la discipline du désir : renoncer à désirer ce qui ne dépend pas de nous. La seconde fonction se rapporte à la tendance et à l'action : ne pas se laisser entraîner par des désirs désordonnés. La troisième correspond au bon usage des représentations ; il s'agit de la discipline de l'assentiment. Cette structure se retrouvera d'ailleurs de façon méthodologiquement identique dans les *Pensées*[2] de Marc Aurèle. Ce qui est intéressant, c'est que ces trois *topoi* sont comme le « poignard » ou la boîte à outils ; ils sont facilement accessibles et mémorisables, et doivent être à tout moment présents à l'esprit. Il est alors fondamental de se les remémorer en permanence, même sans période de troubles, pour qu'ils soient toujours disponibles.

Les exercices spirituels d'Épictète ont pour but d'aider à « mieux vivre » et d'atteindre même un certain « bonheur », une certaine « *paix de l'âme* », comme il le dit lui-même. Ils semblent s'articuler selon deux axes qui peuvent être en quelque sorte le fond et la forme. Le premier axe concerne la démarche d'Épictète, qui est de se conformer à une morale de l'effort, celle-ci étant fondamentale pour atteindre le bonheur et la paix de l'âme. Cet effort se constitue notamment dans la notion de projection dans le temps de situations, dans l'anticipation de ce qui provoquerait tristesse ou malheur. Concrètement, cela signifie qu'il ne s'agit pas de lire le *Manuel*[3] d'Épictète seulement lorsque l'on se trouve face à une difficulté ; au contraire, c'est lorsque l'on est « sans souci » que l'on peut configurer son comportement. Il

---

1. Épictète, *Entretiens, op. cit.*
2. Marc Aurèle, *Pensées pour moi-même*, Arléa, 1995.
3. Épictète, *Manuel, op. cit.*

faut se tenir prêt à l'apparition de ce souci. C'est en cela qu'il est aussi un exercice, c'est-à-dire qu'il s'agit d'exercer son esprit, son âme, sa conscience aux choses qui inéluctablement adviendront et entacheront le bonheur que l'on cherche à construire pour mieux vivre. Être préparé aux événements de cet ordre permet de maintenir une certaine tranquillité d'âme face au destin. Le second axe concerne la façon relativement singulière d'appliquer, de travailler ses exercices spirituels. Les exercices spirituels d'Épictète semblent se scinder, d'une part, de façon classique avec des écrits, des cours où Épictète expose ses principes et, d'autre part, à travers la discussion. La discussion est, en effet, un exercice pour Épictète, comme on le voit dans ses *Entretiens*[1], mais aussi un peu à la manière du stoïcien Cléanthe, qui se faisait des reproches à haute voix. Épictète propose pour méditer, pour réfléchir sur ces projections, de se promener seul et d'en profiter pour converser avec soi-même.

Marc Aurèle, l'empereur philosophe

À la question : peut-on être à la fois homme politique de haut rang et philosophe ?, seul Marc Aurèle, né en 121 et mort en 180, semble avoir répondu positivement. Marc Aurèle est en effet empereur romain. Il accède à cette fonction en 161, mais il était déjà au gouvernement depuis l'âge de dix-neuf ans. En tant qu'homme politique, sa tâche ne fut pas facile ; il dut faire face à de nombreux soulèvements, invasions et des affrontements avec les chrétiens. Aussi, quand bien même il déclare préférer la paix à la guerre, ses fonctions ne lui ont pas laissé d'autre choix que de prendre régulièrement les armes. Dans ses choix politiques, il ne cache pas non plus ses préférences, en protégeant les arts et la philosophie, offrant même à cette discipline des soutiens financiers considérables.

Le père de Marc Aurèle meurt alors qu'il n'a que trois ans, et c'est l'empereur Hadrien qui le prend sous sa protection. Avant

---

1. Épictète, *Entretiens*, op. cit.

de mourir, Hadrien adopte Antonin, l'oncle par alliance de Marc Aurèle, et lui demande dans le même temps d'adopter ce dernier ainsi que Lucius Verus, le fils d'Aelius César, qu'initialement Hadrien avait désigné comme successeur. Mais celui-ci meurt avant d'accéder au trône et Antonin succède à Hadrien en 138. Un an plus tard, Marc Aurèle est élevé à la dignité de César. En 145, il épouse la réputée volage Faustine, et ils ont ensemble plus d'une dizaine d'enfants (dix ont réellement survécu, dont le futur empereur Commode). L'éducation qu'a reçue Marc Aurèle est stoïcienne grâce aux leçons de Rusticus et d'Apollonius, mais elle ne cessera quasiment jamais, puisqu'il a entretenu pendant près de trente ans une correspondance avec son maître de rhétorique Fronton, à qui il envoyait régulièrement des sortes de devoirs.

Contrairement aux autres stoïciens que nous avons évoqués, Marc Aurèle n'a jamais enseigné ni même écrit de livre sur sa doctrine. Il s'est contenté d'écrire son journal, ses *Pensées*[1]. Cet ouvrage, le dernier du stoïcisme antique, est une œuvre majeure pour la philosophie stoïcienne comme pour toute la philosophie, dans le sens d'une philosophie pratique. Car, pour l'empereur, la philosophie n'est pas un loisir mondain. Il précise d'ailleurs « *ne plus du tout discuter sur le sujet : que doit être un homme de bien ?, mais l'être* ». Ses *Pensées*[2] ne sont donc finalement qu'un journal intime philosophique et stoïcien, un journal de bord qu'il tient avec pour seul dessein la pratique de la philosophie à travers l'examen de conscience.

Dans ses *Pensées*[3], Marc Aurèle montre qu'il est le parfait disciple du stoïcisme en général, et d'Épictète en particulier dont il se reconnaît l'héritier. Ainsi, dès le livre II des *Pensées*[4], nous retrouvons la projection, l'anticipation sur la vie ainsi que

---

1. Marc Aurèle, *Pensées pour moi-même, op. cit.*
2. *Ibid.*
3. *Ibid.*
4. *Ibid.*

le conseille Épictète. Marc Aurèle explique : « *Dès l'aurore, dis-toi à l'avance : "Je rencontrerai un indiscret, un ingrat, un insolent, un fourbe, un égoïste."* » Se convainquant de cette possibilité, Marc Aurèle précise que dès qu'il s'agira de rencontrer un personnage avec un de ces traits de caractère, il ne sera pas étonné ou déçu, car il avait prévu de rencontrer quelqu'un de cette trempe. Les exercices que conseille et réalise Marc Aurèle s'effectuent tout au long de la journée, dès le matin et jusqu'au soir, où il s'agit à ce moment d'examiner ses propres actions, mais également la nuit où il est nécessaire d'examiner ses rêves.

Les *Pensées*[1] est un véritable témoignage d'exercice spirituel tel qu'il a pu être pratiqué par les stoïciens. Ce livre n'est pas un témoignage de ses batailles ni une mélancolie qu'il écrirait par catharsis vis-à-vis de ce qu'il vit. Bien au contraire, Marc Aurèle use de la technique stoïcienne pour se détacher du monde, se détacher de son quotidien tout en prenant appui sur lui. Il écrit ses phrases, ses *Pensées*[2] facilement mémorisables pour s'en souvenir, se les remémorer sans cesse, les méditer. Notons que la notion de méditation est intéressante. Pierre Hadot l'utilise s'agissant des exercices spirituels, dans la mesure où *meletè* correspond en latin à *meditatio*, ce qui désigne les « exercices préparatoires ». L'exercice de la méditation est en effet inséparable des exercices spirituels, tel que le souligne aussi un philosophe que nous aborderons, Épicure, qui dans *La Lettre à Ménécée*[3] précise qu'il s'agit de « *méditer jour et nuit* ».

Tout au long de ses *Pensées*[4], Marc Aurèle porte un regard, parfois un jugement sur les choses de la vie. C'est ce regard qui constitue un exercice spirituel, cette hauteur de vue stoïcienne sur la vie environnante. Ainsi, quand il cherche à résumer toute

---

1. *Ibid.*
2. *Ibid.*
3. Épicure, *Lettre à Ménécée*, Hatier, 1999.
4. Marc Aurèle, *Pensées pour moi-même*, *op. cit.*

la comédie humaine, il la qualifie de « *banale et éphémère* ». Quant à l'appréhension de la mort, il conseille de ne pas s'en enquérir puisque l'homme, après sa mort, oublie tout : « *Bientôt tu auras tout oublié,* nous dit-il, *tous t'auront oublié.* »

S'élevant de plus en plus dans sa perception du monde, il se demande ce qu'est le monde humain dans l'ensemble de la réalité et se dit que, finalement, il n'est qu'un « *petit coin de terre dans l'immensité de l'espace* ». On note que l'observation, la contemplation et la description de la vie sont les éléments fondamentaux des exercices spirituels chez Marc Aurèle. Cette méthode est fondamentale pour se dégager des affects et rester extrêmement près, au plus juste de la réalité des choses. Ainsi explique-t-il très clairement : « *Il faut toujours se faire une défi- nition ou description de l'objet qui se présente dans la représen- tation, afin de le voir en lui-même, tel qu'il est en son essence, mis à nu tout entier et en toutes ses parties suivant la méthode de division, et se dire à soi-même son vrai nom et le nom des parties qui le composent et dans lesquelles il se résoudra.* » En décrivant ce qu'il voit de la façon la plus objective possible, neutre, sans émotion aucune, Marc Aurèle définit l'objet ou la situation en tant que tel. Il expose cette méthode, notamment au livre VI : « *Quand les choses paraissent trop séduisantes, dénude-les, vois face à face leur peu de valeur [...].* » Par exemple, quand il cherche à décrire ce qu'est l'union sexuelle, il montre que, finalement, elle n'est qu'une « *petite épilepsie* ».

Marc Aurèle n'est bien sûr pas un philosophe comme les autres, c'est un homme qui a eu une charge publique importante sans pour autant renier une vie de philosophe tout aussi importante. Ce n'est pas un homme de concepts philosophiques, c'est un homme de pratique philosophique. Plus que quiconque, il s'est approché des hommes, les a connus sous différents angles : en tant que soldat sur les champs de bataille, en tant que sujet à sa cour, en tant qu'enfant, en tant que père, en tant que mari, etc. Il n'a jamais idéalisé l'homme parce qu'il sait que l'homme idéal n'existe pas, qu'il est un mélange de vices et de vertus. Il pense simplement que les vertus peuvent être travaillées pour amoindrir les vices. Il sait que l'homme est perfectible, et lui le premier. C'est pour cela qu'il juge fondamental d'écrire ses *Pensées*[1]. Cette écriture est comme un autre que lui, comme un directeur de conscience qui viendrait jauger ses actions et exactions de la journée. Cette phrase résume peut-être à elle seule l'ensemble de la pensée de Marc Aurèle : « *Une seule chose ici-bas a de la valeur : passer sa vie dans la vérité et la justice, tout en gardant sa bienveillance aux menteurs et aux injustes.* »

Exercices spirituels au Jardin d'Épicure

Vie et mort d'Épicure

Épicure semble être né à Samos, une province où les Athéniens avaient une colonie, et ce n'est qu'à l'âge de dix-huit ans qu'il vient à Athènes. Il dit avoir eu contact avec la philosophie dès l'âge de quatorze ans, préférant celle-ci aux professeurs de lettres qui, selon lui, étaient incapables d'expliquer le chapitre du chaos chez Hésiode. Une autre version explique qu'il est venu à la philosophie à la suite de la lecture de Démocrite.

Épicure et son école sont contemporains des stoïciens et sont même concurrents, les uns n'hésitant pas à critiquer l'école des autres ; ainsi, le stoïcien Épictète qualifie par exemple Épicure de « *proférateur d'obscénités* ».

Deux histoires, très distinctes l'une de l'autre, racontent Épicure, sa vie, sa physiologie. La première est la caricature qui en a été faite, à savoir : la débauche, la gourmandise, la luxure, le plaisir des sens au-dessus de tout. Cette version est basée uniquement sur le témoignage d'un ancien élève d'Épicure, racontant que ce dernier vomissait deux fois par jour en raison d'abus de nourriture. Le corps d'Épicure, raconte encore cet

---

1. *Ibid.*

ancien élève, Timocrate, était dans un état pitoyable tant il vivait dans l'excès et, de fait, passait son temps allongé sur son lit, incapable de se lever. Dans cette première biographie, on peut aussi voir un Épicure critiquant et insultant bon nombre de philosophes. Aristote passe pour un « *dilapideur* », Protagoras pour un « *portefaix* », Héraclite pour un « *perturbateur* », Démocrite pour un « *radocrite* », Antidore pour un « *imbécidore* », etc. Il est tout à fait possible qu'Épicure ait effectivement insulté certains philosophes qu'il considérait comme des faiseurs de concepts plus ou moins obscurs. Toutefois, la description d'Épicure que nous venons de parcourir est mise en scène par ses ennemis et semble peu correspondre à la réalité du personnage. Ce tableau peut néanmoins avoir contribué à la mécompréhension du terme « épicurien » qui irrigue encore aujourd'hui notre langage.

La seconde présentation d'Épicure correspond vraisemblablement plus à la réalité du philosophe de Samos. En effet, bon nombre de témoignages montrent un Épicure bienveillant envers autrui, entouré de très nombreux amis. Il était, paraît-il, doux avec ses serviteurs, ses frères. Il aurait fait plutôt excès d'honnêteté, rapporte-t-on, que de bonne chère.

Épicure vivait dans un lieu appelé le « Jardin », qu'il avait acheté et où il recevait tous ceux qui voulaient s'y rendre. Ce qui est rapporté de sa vie est complètement en opposition avec le premier témoignage puisqu'elle fut très austère. Il lui suffisait pour vivre d'un peu d'eau, d'un quart de vin et de pain de froment. Quand il voulait faire un excès, il se contentait seulement d'un petit pot de fromage. Cette position est corroborée par le livre de Métrodore intitulé *De la faible constitution d'Épicure*[1], où l'on peut y lire sa faible santé physique, qui finalement lui interdisait tout excès.

---

1. Métrodore, *De la faible constitution d'Épicure* in Diogène Laërce, *Vie, doctrines et sentences des philosophes illustres*, Flammarion, 1965.

L'histoire d'Épicure, ses *Lettres*, ses influences, ses disciples révèlent clairement que même si l'épicurisme, de nos jours, se trouve parfois utilisé, prononcé à mauvais escient par méconnaissance philosophique, c'est bien la seconde présentation qui semble la plus juste. Épicure menait avant tout une vie austère, où le plaisir n'est pas dans la chair, mais dans l'ataraxie, c'est-à-dire l'absence de troubles en évitant justement tout excès.

Il mourut vraisemblablement de la maladie de la pierre, de calculs rénaux. Au moment de sa mort, on raconte qu'il entra dans une baignoire de bronze emplie d'eau chaude, qu'il avala un verre de vin, puis alla voir ses amis, les salua et leur demanda de se souvenir de ses doctrines. Ce fut sa dernière parole. Il laissera un long testament, où il explique comment il lègue ce qu'il possède, dont le Jardin, sa maison, ses finances. La plupart des biens reviennent à Hermarque, celui, dit-il, qui a vécu avec lui dans la philosophie. Cependant, s'il lui lègue ses biens et ses devoirs, c'est au prix de l'assurance d'une continuité à la philosophie, et notamment de l'exigence que le Jardin perdure, et que l'on puisse continuer à y mener une vie conforme à la philosophie. Il conclura son testament par la déclaration de liberté de ses propres esclaves.

Les cours d'Épicure étaient relativement informels, et les usagers du Jardin pouvaient tout aussi bien être des personnages célèbres que des esclaves ou des femmes, ce qui était absolument unique comme situation.

Son œuvre est réputée colossale à l'époque, Épicure ayant écrit sur à peu près tous les sujets : les dieux, l'amour, les sens, la musique, le destin, la justice, etc. Il ne nous reste de lui que trois lettres écrites, mais vont toutefois s'y retrouver les fondamentaux de la doctrine épicurienne. La première lettre est adressée à Hérodote et porte sur les réalités physiques ; la deuxième, sur les réalités célestes, est envoyée à Pythoclès ; enfin, la troisième, peut-être la plus célèbre, est adressée à Ménécée, et s'interroge sur les modes de vie. Dans son ouvrage

Vie, doctrines et sentences des philosophes illustres[1], Diogène Laërce expose que la philosophie d'Épicure se découpe en trois parties : la canonique qui reprend les règles du vrai, permettant de fonder la science ; la physique qui explique la nature ; la dernière partie concerne l'éthique et aborde ce qu'est la vie heureuse. Ces parties s'articulent, et la première comme la deuxième sont les prémisses de la dernière. C'est sur celle-ci que nous allons nous attarder, car c'est d'elle que semble émerger ce que nous pourrions nommer les exercices spirituels épicuriens.

Premier exercice spirituel d'Épicure : l'urgence de philosopher

Vivre du mieux possible, vivre selon un certain Bien, rechercher une vie heureuse, un certain bonheur, éviter les déplaisirs sont tous des attributs de la philosophie d'Épicure, qui se résume souvent par une vie fondée sur le plaisir. Mais un plaisir, nous l'aurons compris, qui ne s'exerce qu'au prix d'une ascèse. Épicure est parfaitement conscient des réalités de la vie : la mort, la souffrance, les peines, les maux… Le premier exercice et premier conseil qu'il prodigue, c'est l'urgence de philosopher. C'est ainsi qu'il entreprend le début de sa *Lettre à Ménécée*[2] :

« *Que personne, parce qu'il est jeune, ne tarde à philosopher ni, parce qu'il est vieux, ne se lasse de philosopher ; car personne n'entreprend ni trop tôt ni trop tard de garantir la santé de l'âme. Et celui qui dit que le temps de philosopher n'est pas encore venu, ou que ce temps est passé, est pareil à celui qui dit, en parlant du bonheur, que le temps n'est pas venu ou qu'il n'est plus là. En sorte qu'il faut philosopher et lorsqu'on est jeune et lorsqu'on est vieux, dans un cas pour qu'en vieillissant l'on reste*

---

1. Diogène Laërce, *Vie, doctrines et sentences des philosophes illustres, op. cit.*
2. Épicure, *Lettre à Ménécée, op. cit.*

jeune avec les biens, par la reconnaissance que l'on éprouve pour ce qui est passé, dans l'autre cas, pour que l'on soit à la fois jeune et vieux en étant débarrassé de la crainte de ce qui est à venir. Il faut donc avoir le souci de ce qui produit le bonheur, puisque s'il est présent nous avons tout, tandis que s'il est absent nous faisons tout pour l'avoir. Et ce à quoi continûment, je t'exhortais, cela pratique-le, à cela exerce-toi, en saisissant distinctement que ce sont là les éléments du bien-vivre. »

Nous sommes évidemment tout près de l'enseignement de Sénèque, de la *Lettre à Lucilius*[1] que nous avons parcourue plus haut. L'extrait est explicite en lui-même : seule la pratique de la philosophie permet un accès au bonheur. Épicure est très clair. Il demande d'exercer la philosophie, de la réaliser que l'on soit jeune ou vieux, peu importe, il est toujours temps et fondamental de philosopher. Épicure voit un lien naturel entre bonheur et philosophie, et c'est ce lien que l'homme doit activer pour atteindre une vie heureuse.

Certes, philosopher est la voie sur laquelle il faut s'acheminer pour pouvoir atteindre le bonheur dans la vie. Cependant, deux interrogations se posent : d'une part, qu'est-ce que « philosopher » pour Épicure ? D'autre part, comment fait cette philosophie qui nous conduit à ce mieux-vivre pour ne pas considérer les grandes craintes de l'existence – les dieux et la mort ?

Exercice spirituel d'Épicure et l'existence des dieux

L'enseignement d'Épicure nous montre d'abord que les dieux ne sont pas à craindre. Qu'est-ce que cela peut vouloir dire ? Il faut comprendre que les dieux, dans l'Antiquité, sont très présents, représentés sous diverses formes avec diverses fonctions. Ils détiennent une place particulièrement importante sur

---

1. Sénèque, *Lettres à Lucilius, op. cit.*

ce qui advient après la vie, dans le royaume des dieux. Mais cet espace inconnu – après la mort – est, de fait, l'objet de toutes les imaginations et de tous les fantasmes sur la puissance de ces dieux. Toutefois, la crainte contamine aussi le moment présent, le vivant. L'inconnu est perméable à la crainte et celle-ci est d'autant plus forte à l'endroit de ces fameux dieux censés habiter un certain espace indéfini, qui ne peut être connu qu'une fois mort.

Épicure prend toutes ces craintes à contre-pied, et c'est grâce à son approche de la physique qu'il se permet d'annoncer qu'il ne faut pas craindre les dieux. Son approche est originale : il considère l'ensemble de la nature comme physique, comme matériel sans aucun lien avec des éléments, substances, organisations métaphysiques quelconques issus des dieux ou d'autres croyances. Épicure n'est pas pour autant athée, puisqu'il estime qu'il y a vraisemblablement des dieux, dans la mesure où ils sont présents dans l'esprit des hommes. Toutefois, il n'y a rien à en craindre car ils ne sont pas présents dans la nature, mais présents dans ce qu'il nomme des « *intermondes* ». Les dieux, pour lui, n'ont pas créé l'univers et ne se soucient pas des affaires humaines. Autrement dit, si les dieux existent, ce qui lui semble possible, ils ne sont pas là mais ailleurs, dans un autre espace. Ce moment épicurien qui annonce des dieux sans effet sur les hommes est radical, unique et fondamental pour la compréhension du monde. Cette rupture se fait en premier lieu avec les stoïciens, pour qui les dieux et la nature ne sont qu'un seul et même ensemble. La position d'Épicure est immanente : il n'y a pas, selon lui, de transcendance quelconque qui se trouverait au-dessus des hommes et serait représentée par des dieux, des mythologies…

L'univers, le monde, tout cela est en quelque sorte secondaire pour Épicure. Il y a toujours eu l'univers lui-même constitué de corps, d'atomes en nombre infini dans un vide illimité, intemporel. Ainsi, dit-il : « *L'univers a toujours été identique à ce qu'il est aujourd'hui, et il sera toujours ainsi de toute éternité.* » Il n'y a d'ailleurs pas de raison que d'autres mondes n'existent pas dans l'univers, d'autres mondes ont en effet pu être constitués de la même manière que le nôtre, c'est-à-dire suite à un agrégat d'atomes.

Pour en revenir aux dieux, ils ne sont donc pas à craindre car, nous l'avons compris, ils ne sont pas là, mais dans des inter-mondes inaccessibles, impassibles, immatériels. Contrairement à ce qu'enseignent les traditions ou les religions, les hommes n'ont pas à craindre la colère des dieux ni une vengeance ou une punition. Il n'y aura jamais rien à craindre d'eux ni à en espérer des bienfaits – il ne faut pas attendre d'eux de faveur, de récompense, de miracle. On peut toujours les prier, faire des offrandes ou quoi que ce soit à leur égard, mais cela n'aura aucun effet.

Cette philosophie d'immanence irrigue toute la philosophie épicurienne. Tout est horizontal, tout est ici et maintenant. S'il y a un paradis, il est sur terre. Il n'y a rien de transcendant, tout est dans notre monde ; la nature, les choses matérielles, la constitution du monde… y compris l'âme qu'Épicure juge matérielle, comme tout ce qui est dans la nature. Tout simple-ment, pour lui, l'âme, l'esprit est composé d'atomes plus subtils que le reste du monde, plus fins. Cette position épicurienne, immanente et matérialiste, y compris pour la constitution de l'âme, montre que la pensée, l'esprit n'a aucun lien avec la transcendance et, de fait, peut tout à fait être travaillé ici et maintenant par l'homme à l'aide de la philosophie. Épicure est donc parfaitement cohérent avec l'ensemble de ses principes. Si tout est matériel, l'âme l'est aussi. Par conséquent, l'âme peut être façonnée, notamment par soi. Et ce travail de la pensée, de la réflexion s'articule autour de la philosophie qui montre des évidences dans le système épicurien, comme le fait que les dieux ne sont pas à craindre, ou encore que la mort n'est rien.

L'exercice de la mort comme exercice spirituel

La mort est une notion très simple pour Épicure. Il l'explique comme un changement de nature, un changement physiologique, une modification des atomes. De fait, il n'y a aucune raison d'avoir peur de la mort puisqu'elle n'est que décomposition. Autrement dit, la mort n'est qu'une perte de sensations et de perceptions, qu'elles soient bonnes, mauvaises, douloureuses ou agréables… Déconstruire ainsi la pensée de la mort permet d'apprivoiser l'idée de la mort afin de ne pas souffrir de cette peur.

Pour le philosophe de Samos, et contrairement à toutes les traditions religieuses ou mythologiques, la mort nous est, de plus, tout à fait étrangère, puisqu'elle n'est pas là alors que nous sommes en vie. Il est impossible de spéculer dessus, ou alors à mauvais escient puisque son existence est en quelque sorte inexistante. C'est encore dans la *Lettre à Ménécée*[1] qu'il expose son propos à ce sujet :

« *Accoutume-toi à penser que la mort avec nous n'a aucun rapport ; car tout bien et tout mal résident dans la sensation : or, la mort est privation de sensation. Il s'ensuit qu'une connaissance correcte du fait que la mort avec nous n'a aucun rapport permet de jouir du caractère mortel de la vie, puisqu'elle ne lui impose pas un temps inaccessible, mais au contraire retire le désir de l'immortalité. Car il n'y a rien à redouter, dans le fait de vivre, pour qui a authentiquement compris qu'il n'y a rien à redouter dans le fait de ne pas vivre. Si bien qu'il est sot celui qui dit craindre la mort, non parce qu'elle l'affligera lorsqu'elle sera là, mais parce qu'elle l'afflige à l'idée qu'elle sera là. Car la mort qui, une fois là, ne nous cause pas d'embarras, provoque une affliction vide lorsqu'on l'attend. Le plus terrifiant des maux, la mort, n'a donc aucun rapport avec nous, puisque précisément, tant que nous sommes, la mort n'est pas là, et une fois que la*

---

1. Épicure, *Lettre à Ménécée, op. cit.*

45

*mort est là, alors nous ne sommes plus. Ainsi, elle n'a de rapport
ni avec les vivants ni avec les morts puisque pour les uns elle
n'est pas, tandis que les autres ne sont plus. »*

La mort comme exercice spirituel, au-delà d'Épicure

La position d'Épicure face à la mort semble une évidence et
presque une forme de rhétorique car, en effet, nul ne craint la
mort, mais l'idée de mort. Justement, ce que propose Épicure
est d'aider à supprimer l'idée de mort en montrant les maux
que cette perception entraîne. Il considère sans intérêt celui qui
craint la mort car, d'une part, cela ne l'évitera pas, et, d'autre
part, pendant qu'il craint, il en souffre. La mort n'existe donc
pas pour Épicure, et l'exercice spirituel s'y référant consiste à
se répéter ce principe que la mort n'existe pas, puisque tant que
nous sommes vivants elle n'existe pas, et quand nous serons
morts, elle n'existera plus.

Il est intéressant d'observer une proposition différente
d'Épicure, mais toute aussi forte, qui expose que la mort, au
contraire, ne soit pas à mépriser, mais à considérer avec attention. C'est la représentation de la mort qui deviendra un exercice spirituel, et non son ignorance. La vocation de cet exercice
est de réussir à se départir de son corps, de ses sens pour
atteindre le *logos*[1], le Bien. Il y a donc un exercice qui consiste
à s'exercer à mourir en faisant mourir son individualité, ses
passions ; en quelque sorte, à se dégager de soi pour atteindre
ce logos. C'est ce que l'on retrouve chez Platon, pour qui l'exercice de la mort permet de changer de perspective, de passer
d'une vision des choses dominée par les passions à une représentation du monde dans une optique d'universalité et d'objec-
tivité.

S'exercer à mourir, ici, c'est avoir toujours conscience de la
mort, de sa disparition possible. Cette position est très stoï-

---

1. Ce terme signifie la raison au sens de « raison suprême ».

cienne, à l'image d'Épictète qui préconise, comme exercice, d'avoir la mort chaque jour devant les yeux. C'est aussi le cas de Marc Aurèle, pour qui il est important de se souvenir que bientôt nous allons mourir et que nous serons tous oubliés. Placer la mort devant soi permet d'atteindre ce que Pierre Hadot appelle la « *grandeur d'âme* » car il n'y a pas, et c'est le point commun entre l'épicurisme et le stoïcisme sur ce thème, à avoir peur de la mort. La mort est toujours à apprivoiser, c'est une donnée avec laquelle chacun doit faire face de son vivant.

La confrontation stoïcienne et épicurienne sur la mort permet de montrer de façon très concrète quelle est l'opinion de la philosophie sur cette question, en révélant clairement deux états d'esprit radicalement opposés (on peut choisir la proposition dont on se sent le plus proche).

L'exercice spirituel face aux désirs

Le bonheur, la vie heureuse chez Épicure se caractérise par l'ataraxie, c'est-à-dire l'absence de troubles. Tout l'épicurisme tient dans cette proposition. L'ataraxie est la seule voie possible pour atteindre la paix de l'âme ; la suppression des craintes et des désirs permet l'accès au plaisir.

Subvenir aux désirs naturels et nécessaires

Accéder au plaisir n'est pas évident : il ne s'agit pas de rechercher n'importe quels plaisirs sous prétexte qu'ils semblent pouvoir rendre heureux. Le plaisir est constitutif de nos désirs, et Épicure exprime très clairement qu'il s'agit, pour atteindre le plaisir et être heureux, de savoir contrôler ses désirs. Il explique alors précisément ce que sont ces désirs, qui d'ailleurs sont communs aux hommes et aux animaux. Il y a des désirs naturels et nécessaires, des désirs naturels mais non nécessaires, et des désirs non naturels et non nécessaires.

Les premiers désirs, naturels et nécessaires, sont les désirs fondamentaux que sont manger et boire. Il est naturel de manger et de boire, et c'est nécessaire pour se maintenir en vie. Ces désirs sont ceux qu'Épicure invite à rechercher quasi exclusivement. La vie heureuse est fondée sur cette recherche de plaisirs simples, de modération. Souvenons-nous qu'Épicure se nourrissait essentiellement de pain et d'eau, et de temps en temps d'un peu de vin et de fromage.

Les deuxièmes désirs sont les désirs naturels mais non nécessaires. C'est, par exemple, le fait de manger des plats fins, de boire de bons vins, ou encore d'abuser de nourriture, d'être dans l'excès. Certes, il est naturel et nécessaire de manger, mais ni avec excès ni avec luxe. Il faut donc se nourrir simplement, selon les besoins naturels et dans des proportions raisonnables. Les désirs naturels et non nécessaires sont également les désirs sexuels ; on ne meurt pas d'une non-activité sexuelle, par exemple.

Les troisièmes, et derniers désirs, concernent ceux qui ne sont ni naturels ni nécessaires. Se trouve parmi ceux-là la recherche de l'argent, du pouvoir, des honneurs, etc. Ces désirs, non seulement ne sont pas naturels et ne sont pas nécessaires à l'homme pour vivre, mais lui sont nuisibles dans sa quête de vie heureuse.

Cette division des désirs ne suppose pas que la vie heureuse réside dans l'obligation de vivre d'un peu de pain et d'eau, mais fonde la vie heureuse sur l'absence de troubles, l'ataraxie. La proposition d'Épicure est de replacer les choses à leur juste valeur, et également de montrer que la vie heureuse dépend non pas d'un hasard ou d'un destin, mais des choix que l'on fait. Charge à celui qui veut devenir président de la République de comprendre que c'est un plaisir qui n'est ni naturel – car il n'est pas naturel dans l'essence de l'homme de vouloir prendre les commandes d'une nation, de vouloir obtenir un si grand pouvoir – ni nécessaire – car rien ne l'oblige à obtenir cette fonction, et ce n'est pas dépendant de sa survie. Ce qui est valable pour un candidat à la présidence de la République est valable pour une fonction que l'on souhaite dans une entreprise, pour une femme ou un homme que l'on convoite, pour un objet que l'on aimerait obtenir… Il est à se demander pour tout désir s'il est naturel et nécessaire, sachant qu'en tout état de cause, il ne s'agira pas de souffrir de sa non-obtention car ce type de désir n'est pas constitutif d'une une vie heureuse.

L'ataraxie ou l'absence de trouble

L'ataraxie, c'est aussi l'absence de troubles dans l'anticipation. Épicure parle plus précisément d'une vue des choses utiles ou nuisibles. Dans la *Lettre à Hérodote*[1], il fait allusion à ces anticipations en recommandant d'opérer des « *projections* » de la pensée sur les choses. Son disciple Hermarque avance aussi l'idée d'une contemplation de l'utile, qui devrait être regardé ou vu à l'avance.

Ainsi, celui qui choisit d'accéder à une haute fonction publique comme président de la République va nécessairement s'exposer pendant sa fonction à des actions qui lui sont de très loin ni naturelles ni nécessaires. Ce n'est pas rechercher une vie sans troubles ni une vie heureuse que de prendre ce type de fonction. Ces anticipations ne valent pas uniquement pour le désir de fonctions extrêmes, mais sont également valables pour qui veut se marier, avoir des enfants, avoir une promotion sociale… Avoir des enfants, par exemple, c'est à l'évidence s'exposer à vivre certains troubles, certaines difficultés de la vie. Épicure ne dit pas « n'ayez pas d'enfants » ou « ne vous mariez pas », mais il met en garde contre certains désirs non naturels, non nécessaires qui sont potentiellement des générateurs de troubles.

1. Épicure, *Lettres à Hérodote, Pythoclès et Ménécée*, Les Belles Lettres, 2000.

L'épicurisme, un exercice thérapeutique

Nous avons vu qu'Épicure, dans la lettre à son disciple Ménécée, exhortait ses contemporains à philosopher d'urgence. C'est une nécessité de se préoccuper de la santé de l'âme, pour provoquer l'ataraxie qui conduit à une vie heureuse. Dans la lettre à l'un de ses autres disciples, Pythoclès, il expose également que « *notre vie n'a pas besoin de la déraison et de l'opinion vide, mais de se dérouler à l'abri des troubles* ». Mais c'est dans un autre texte beaucoup moins célèbre, *Sentences vaticanes*[1], qu'Épicure entre plus en profondeur dans cette nécessité de philosopher comme salut thérapeutique, comme solution pour soigner l'âme et l'esprit. Ainsi, alerte-t-il de ne pas « *feindre de philosopher, mais réellement de philosopher ; car nous n'avons pas besoin de paraître en bonne santé, mais d'être véritablement en bonne santé* ». Son propos est fondamental pour comprendre le sens des exercices spirituels en particulier, et de la philosophie en général. Il ne suffit pas, explique-t-il, d'écouter de la philosophie, de lire de la philosophie, même d'enseigner de la philosophie. Il s'agit de vivre la philosophie, de vivre en philosophe. Un « passionné » de philosophie, un professeur de philosophie, un lecteur de philosophie pourrait échouer à mettre en pratique les conseils épicuriens, dès lors qu'il resterait en dehors de cette philosophie, qu'il ne vivrait pas. Lire, écouter, enseigner ou se dire passionné, ce n'est pas être philosophe ; avoir une connaissance encyclopédique de la philosophie ne rend, à l'évidence, pas philosophe. De même, il est possible de philosopher sans ne rien connaître de la philosophie, de son histoire et des philosophes – à l'instar d'un Socrate, par exemple. Épicure a bien senti cette dérive possible de la philosophie en tant que théorie, et non comme pratique, et son exhortation à philosopher d'urgence en est que plus forte.

---

1. Épicure dans les *Sentences vaticanes* in Épicure, *Lettres et maximes*, *op. cit.*

Ce propos vis-à-vis de la philosophie est strictement similaire concernant les exercices spirituels. Il ne s'agit pas de les connaître, de les apprendre par cœur, mais de les appliquer au quotidien dans sa vie. Les exercices spirituels sont une pratique avant d'être une théorie ou un concept et, de fait, ils peuvent également être pratiqués sans connaissance. Toutefois, se plonger au cœur des pratiques d'exercices spirituels comme nous sommes en train de le faire permet de regarder les différentes écoles qui se sont penchées sur le sujet et nous facilite leur accès, leur application.

Le *tetrapharmakos* épicurien

À travers le *tetrapharmakos*, le quadruple remède, l'épicurisme détient son exercice spirituel permettant d'offrir la solution pour atteindre la santé de l'âme, l'ataraxie. Ce quadruple remède est une formule qu'il s'agit de se répéter, de se remémorer sans cesse dans le but d'éviter les troubles de l'âme. C'est, en quelque sorte, tout l'épicurisme résumé en une seule maxime : « *Les dieux ne sont pas à craindre, la mort ne donne pas de souci, le plaisir est facile à obtenir et la douleur, facile à supporter.* »

Ce *tetrapharmakos* rassemble en effet toutes les propositions épicuriennes que nous avons vues. Les dieux ne sont pas à craindre, puisqu'ils ne sont pas de ce monde. La mort n'est pas à craindre, puisque tant que nous sommes vivants elle n'est pas là, et quand nous serons morts elle ne sera plus là. Le plaisir est facile à se procurer, car il s'agit de se contenter des choses naturelles et nécessaires. Enfin, la douleur est facile à supporter car elle est soit éphémère, soit si terrible que l'on finit par en mourir, et finit par disparaître. Notons qu'Épicure, comme nous l'avons dit, sait de quoi il parle, souffrant péniblement de calculs rénaux pendant quasiment toute sa vie.

Comme nous l'avons précédemment souligné, ce *tetrapharmakos* doit être vécu pour être réellement efficace. Il s'agit de l'exercer quotidiennement pour l'ancrer dans la conscience, ainsi qu'Épicure le précise dans la *Lettre à Ménécée*[1] : « *Méditer ces enseignements [...], les pratiquer le jour et la nuit* », et celui qui les appliquera vivra alors « *comme un dieu parmi les hommes* ».

La philosophie comme médecine de l'âme

La philosophie a une réelle connotation thérapeutique pour Épicure. C'est une vraie médecine, même si elle est préventive en cherchant à éviter par anticipation les causes du déplaisir, les causes du mal. La philosophie a, pour lui, le rôle d'une thérapie destinée à soigner l'âme, tout comme la médication soigne d'autres maux. Si chez Épicure tout est matière, la douleur l'est également ; c'est un agencement d'atomes déséquilibrés qu'il s'agit de rééquilibrer, de réharmoniser à l'aide de la philosophie.

Épicure n'hésite pas à employer un vocabulaire et des expressions médicales pour exposer ses arguments d'une philosophie comme solution aux maux de l'âme. Il va même jusqu'à préciser que la philosophie ne sert essentiellement qu'à cet objectif puisque « *vide est le discours du philosophe s'il ne soigne aucune affection humaine. De même, en effet, qu'un médecin qui ne chasse pas les maladies du corps n'est d'aucune utilité, de même, aussi, une philosophie, si elle ne chasse pas l'affection de l'âme* ».

Ces affections de l'âme, pour Épicure, se retrouvent à travers les chagrins, les tristesses, les soucis, la superstition, la crainte des dieux... Bref, dans toutes les choses qui ne laissent jamais une femme ou un homme au repos. Il s'agit donc de s'occuper de notre propre guérison en expulsant les troubles qui nous affectent, en nous dégageant des choses éphémères pour « *devenir entièrement maîtres de nous-mêmes* ». C'est le rôle de la philo-

---

1. Épicure, *Lettre à Ménécée*, *op. cit.*

sophie que de permettre cette guérison. C'est l'amour de la véritable philosophie, lance Épicure, qui dissout les troubles et les difficultés de la vie.

Ce projet thérapeutique pour la philosophie se retrouve dans toute la philosophie épicurienne plusieurs siècles après lui, comme c'est le cas deux siècles apr. J.-C., quand l'un de ses disciples, Diogène d'Oenoanda, fait graver l'inscription suivante sur plus de quarante mètres de longueur dans la ville d'Oenoanda :

« *Puisque la plupart des hommes, comme frappés de la peste, sont en commun malades de la fausse opinion au sujet des choses et que le nombre des victimes s'accroît – à cause de leur ardeur à s'imiter mutuellement, ils se transmettent en effet la maladie comme des moutons – et puisqu'il est juste de porter également secours à ceux qui viendront après nous – car ceux-là aussi sont des nôtres, même s'ils ne sont pas encore nés – et qu'en outre l'amour de l'humanité demande d'assister les étrangers qui se trouvent à nos côtés, puisque donc le secours de cet écrit intéresse un grand nombre d'hommes, j'ai voulu me servir de ce portique pour présenter au public les remèdes donnant le salut. Ces remèdes, pour le dire en un mot, ont été mis au jour sous toutes leurs formes. En effet, nous avons chassé les craintes qui nous possèdent en vain ; quant aux afflictions, celles qui sont vides, nous les avons complètement retranchées ; celles qui sont naturelles, nous les avons réduites à fort peu de chose, ramenant leur grandeur au minimum.* »

L'objectif de Diogène, en faisant réaliser cette gravure, était de rendre accessibles au plus grand nombre les grands préceptes d'Épicure. Cette notion de transmission populaire est essentielle pour Épicure. Dans la *Lettre à Hérodote*[1], il souligne l'importance de formules simples que l'on pourra facilement retenir et

---

1. Épicure, *Lettres à Hérodote, Pythoclès et Ménécée, op. cit.*

se répéter. Nul n'a besoin d'enseignement, de cours, de maître avec Épicure ; il s'agit simplement de savoir retenir, et de vivre ces maximes et sentences. C'est le propos de l'inscription que nous venons de lire, comme c'est également le propos du quadruple remède, facile à retenir et qui est l'objet phare de l'exercice spirituel épicurien.

Nous noterons dans le texte de Diogène d'Oenoanda une certaine singularité à travers le souci des générations futures, qui semble s'éloigner des principes épicuriens purs, prônant plus favorablement le repli sur soi ou sur la communauté du Jardin. C'est une liberté que prend l'auteur de la gravure en s'appuyant davantage sur les principes de l'école épicurienne que sur les propos exacts de son fondateur, considérant la philosophie comme seule voie possible de la guérison des âmes, contaminées comme lors d'une épidémie siècle après siècle. Cette liberté que prend Diogène est tout à fait en accord avec la doctrine d'Épicure, qui proposait comme exercice spirituel de vivre selon ses propres principes, même à sa mort. Ainsi, explique-t-il, face à une difficulté, une décision à prendre, une action à faire, il s'agit non pas de reprendre mot pour mot ses propos, mais plutôt de se demander : « Qu'aurait fait Épicure dans telle situation ? » Cette proposition explique aussi la longévité de l'épicurisme et de ses différents courants, comme on le lit ici avec Oenoanda.

Pour en revenir plus précisément aux maux que sont la tristesse, le chagrin, les soucis et à leur résolution, l'épicurisme offre une purge de l'âme, une suppression des troubles par l'ataraxie. Nous avons vu les méthodes, les possibilités d'accéder au bonheur : vivre une vie de philosophe, développer une capacité de raisonnement entre les désirs naturels et les désirs nécessaires, se répéter la formule du *tetrapharmakos*...

Épicure a réellement suggéré un exercice spirituel pour permettre de vivre mieux, de vivre heureux ; la recherche du plaisir par l'absence de troubles constitue la philosophie épicurienne. Cette philosophie en acte est ce qu'Épicure lui-même réalisait dans sa vie, dans sa communauté, dans son Jardin, où nous proposons de nous attarder.

Le Jardin d'Épicure, lieu d'expression pour son exercice spirituel

Pour Épicure, il n'y a donc qu'une vie qui soit acceptable, c'est la vie philosophique et le fait de la pratiquer ; la théorie philosophique a très peu d'intérêt à ses yeux. Cette position, Épicure l'a défendue de façon très concrète et très pragmatique dans son quotidien à travers son célèbre « Jardin ».

Le Jardin d'Épicure est singulier, car il est la manifestation physique de ce que peut être une vie philosophique avec ses propres principes. C'est, en effet, la démonstration d'un savoir-vivre, d'un « savoir comment vivre hors du monde » tout en étant cependant dans le monde, dans le même monde que les autres individus. Épicure montre qu'il est tout à fait possible de rompre avec le monde commun, avec le mondain en constituant, à l'aide de la philosophie, une autre communauté, une autre société.

Le Jardin semble avoir été créé en 305 av. J.-C., non pas à Athènes comme toutes les grandes écoles philosophiques – à l'instar du Lycée d'Aristote ou de l'Académie de Platon –, mais singulièrement en dehors de la cité, en pleine campagne. Peu d'informations nous restent aujourd'hui sur le Jardin, et nous ne connaissons précisément ni la taille ni la densité de la communauté.

Ce qui est rapporté du Jardin, et qui constitue une autre forte singularité, c'est la communauté elle-même. Elle est composée aussi bien de femmes, d'enfants, d'esclaves, d'hommes de toutes les catégories sociales, de philosophes, de politiques, etc. Ce qui domine ce rassemblement original pour l'époque, c'est le désir et le besoin de philosopher. Il est particulièrement original à l'endroit des femmes présentes au Jardin ; c'est d'ailleurs leur présence qui alimentera sa réputation sulfureuse d'une vie dissolue. Un exercice spirituel paraît ici se dessiner au sein du Jardin dans sa construction, sa démarche quasi systématique de travaux communautaires dans un souci du bien commun, d'échanges, de discussions, d'égalité.

Il ne semble pas qu'il y ait eu de règles, de lois, de règlements dans le Jardin. Ce n'était toutefois pas l'anarchie, et Épicure parle de contrat passé entre les individus. Cette théorie du contrat épicurien est tout à fait celle qui a pu exister dans le Jardin. Elle s'établit en trois maximes.

Première maxime épicurienne du contrat : il y a un droit naturel montrant ce qu'on est en droit de se faire ou de ne pas se faire mutuellement, entre individus. Épicure montre ici qu'il existe un droit souverain, en quelque sorte, et que celui-ci est naturel, c'est-à-dire qu'il est au-delà des lois, au-delà des autorités, des religions, au-delà de toutes hiérarchies possibles. Ce droit naturel signifie de faire à autrui ce que l'on voudrait qu'il nous fasse.

Ensuite, le contrat expose qu'il n'y a pas de dommage ni d'injustice si aucun contrat n'a été conclu entre les deux parties. Cela signifie, par exemple, que si la fidélité au sein d'un couple n'a pas été contractée, il n'y a ni dommage ni injustice dans l'infidélité de l'un ou l'autre partenaire.

Enfin, selon la dernière et troisième théorie du contrat épicurien, il n'existe pas une justice souveraine ou une morale souveraine qui pourrait tenir lieu de justice, mais uniquement un contrat que l'on passe avec quelqu'un, et c'est cela la justice. La justice, c'est le respect de l'un et de l'autre dans les termes d'un contrat passé ensemble, en tant que personnes consentantes, adultes et raisonnées.

C'est cette théorie du contrat qui semble régir l'organisation du Jardin, et elle seule. Épicure ne figure pas comme l'autorité suprême du Jardin, ce n'est pas le chef du village-Jardin. Bien au contraire, il laisse à chacun le droit de « contracter » pour une meilleure vie philosophique communautaire. Il n'est pas besoin, pour Épicure, d'exposer au grand jour la justice, les contrats, les règlements ou les lois ; chacun, en son âme et conscience, contracte avec les uns et les autres dans le respect de chacun. « *Cache ta vie* », exhorte de nouveau Épicure, qui conseille préférablement de vivre discrètement et de contracter dans le respect d'autrui, au lieu de promulguer des lois génériques.

Ce Jardin est un paradis philosophique que s'est constitué Épicure. Ayant très peu de besoins, et montrant que c'est une source de vie heureuse, il vit à l'écart de la ville, de ses maux, des affres de la vie publique. À travers sa vie de philosophe, il révèle comment chaque homme peut être maître de ses désirs, de son bonheur au sein d'une communauté fondée sur le respect d'autrui qui se contracte, et ne dépend pas de lois transcendantes quelles qu'elles soient.

Exercices spirituels stoïciens et épicuriens

Les écoles stoïciennes et épicuriennes sont contemporaines l'une de l'autre et se trouvent en quelque sorte en concurrence. En termes d'exercices spirituels, on observe cependant certains traits communs entre stoïciens et épicuriens. Même s'ils ne sont pas tout à fait similaires, ils restent néanmoins sur le même axe : jauger le nécessaire et le non-nécessaire, savoir apprécier ce qui dépend de nous et ce qui n'en dépend pas. Dans les deux écoles, on note la volonté de réussir par le travail de l'esprit à se détacher des choses, des difficultés, dans le but d'une vie heureuse.

Il reste tout de même de sérieuses différences entre ces deux écoles. Dans le cas des stoïciens, par exemple, l'âme doit se tendre, se durcir, quand chez les épicuriens elle doit, au contraire, se détendre et ne pas se représenter les maux – comme peuvent le prévoir les stoïciens –, mais plutôt porter son regard sur les plaisirs du présent. Cette recherche du plaisir est à elle seule un exercice spirituel pour les épicuriens, lorsque toutefois elle est articulée à l'ataraxie.

Enfin, l'autre élément différenciant le stoïcisme de l'épicurisme se trouve à l'endroit de la douleur. L'épicurisme, pourrait-on dire, ne sert en quelque sorte qu'à la suppression de la douleur, qu'à la suppression des troubles. Cela s'oppose fortement aux théories stoïciennes, qui, elles, appellent non pas à supprimer la douleur, mais à la supporter.

Le dialogue socratique comme exercice spirituel

Vie de Socrate

Il est singulier que le plus célèbre philosophe de l'histoire puisse être présenté comme quelqu'un de très banal : un simple Athénien issu d'une famille moyenne, marié, père de famille qui n'a jamais écrit ni participé à des événements historiques majeurs. Il n'a pas créé d'école et n'a été le précepteur d'aucun homme célèbre. Socrate n'a pas été non plus le disciple d'un philosophe majeur ni conseiller d'un quelconque homme public… Toute sa célébrité se résume en quelque sorte à qui il était et ce qu'il faisait à travers une rhétorique exceptionnelle rapportée dans les dialogues de Platon.

Socrate naît en 469 av. J.-C. et meurt en 399 av. J.-C. Il semble avoir été formé au contact de différents philosophes : Anaxagore, Archélaos et Aristoxène. Sa réputation d'excellent rhéteur a toute sa vie été mal perçue ou mal comprise, on lui a même interdit l'enseignement de techniques de discours pendant le gouvernement oligarchique des Trente.

Ce « père de la philosophie », ainsi que l'appelait Cicéron, est systématiquement représenté comme un homme grand, imposant, charismatique, doté d'une force intellectuelle mais aussi physique impressionnante. On raconte d'ailleurs que c'est sa condition physique exceptionnelle qui lui permit de sauver le philosophe Xénophon lorsqu'il tomba de cheval à l'occasion d'une bataille.

Socrate avait en effet le souci non seulement de l'exercice rhétorique, mais également de l'exercice physique, qu'il recommandait d'effectuer pour bien se porter, tout comme il pouvait recommander une certaine ascèse alimentaire. Il était fier de sa frugalité : plus il avait plaisir à manger, moins il avait besoin d'assaisonnement, rapporte Diogène Laërce ; plus il avait plaisir à boire, moins il comptait sur la boisson qui n'était pas à sa portée ; plus réduits étaient ses besoins, plus il se sentait proche des dieux. C'est en ces termes qu'il faut comprendre que lorsqu'on lui demanda quelle était la vertu d'un jeune homme, il répondit : « *Rien de trop.* »

La modération est la base de la vie socratique. C'est d'une vie ascétique que vivait Socrate avec très peu de besoins, peu de chose pour vivre, ce que d'ailleurs sa femme Xanthippe lui reprochera en se demandant comment élever des enfants dans ces conditions. Cette vie d'ascèse était synonyme pour Socrate de choix d'une vie sans souci. Dans le texte de Platon, l'*Apologie de Socrate*[1], le « père de la philosophie » raconte qu'il n'avait aucun souci comme les gens en ont à cause de l'argent, des biens, des stratégies, des succès, des coalitions… car il n'avait pas choisi ce type de vie, mais une vie où il s'occuperait de chaque individu en essayant de le convaincre plus par ce qu'il est que ce qu'il a.

Enfin, pour revenir et terminer sur l'aspect physique de Socrate, qui n'est pas sans conséquence sur sa philosophie, Nietzsche[2] note qu'il est singulier que le premier Grec célèbre fut quelqu'un de si excessif, bouffon, caricatural, et même laid ;

---

1. Platon, *Apologie de Socrate,* Le Livre de poche, 1997.
2. Friedrich Nietzsche, *Le Crépuscule des idoles,* Gallimard, 1988.

« *ses yeux d'écrevisse, sa bouche lippue, sa bedaine* », précise le philosophe allemand. Cette critique physique semble déjà avoir lieu au temps de Socrate, où le physionomiste Zopyre jette au philosophe qu'il est un monstre dissimulant les pires vices. Socrate ne lui aurait, en réponse, lancé qu'un simple : « *Comme tu me connais bien.* »

Une influence parentale

Toute la philosophie de Socrate réside peut-être dans l'influence qu'il reçut de ses parents. Sa mère était sage-femme, et Socrate lui-même se disait, à l'instar du métier de sa mère, « *accoucheur des esprits* », à travers la technique de la maïeutique. Montaigne forgera d'ailleurs très habilement l'expression « *sage-homme* » à son propos. Cette technique de la maïeutique consiste à faire émerger de l'esprit des interlocuteurs de Socrate les idées, les pensées qu'ils contiennent déjà en eux sans le savoir. Très concrètement, il s'agit, pour Socrate, de poser une série de questions qui a pour but de prouver aux hommes qui se disent sans savoir, sans connaissance – les esclaves, les pauvres, les ignorants – qu'ils savent de très nombreuses choses sans en avoir conscience. Cette maïeutique n'est donc pas la dispense d'un savoir, d'une éducation, mais une aide, un guide sur le chemin de la raison, de l'intelligence, de la connaissance de soi, que l'on ne peut d'ailleurs trouver qu'en soi.

Son père était sculpteur. Socrate ne fait pas autant référence à lui qu'à sa mère, mais nous pourrions noter également une influence de ce père, qui porte ici sur la sculpture des esprits – de son propre esprit, mais aussi l'esprit de ses interlocuteurs qu'il semble observer au début de ses discussions comme il pourrait observer un bloc de marbre ou de bois avant de le travailler. Au fur et à mesure des dialogues, par ses questions, ses interrogations, Socrate travaille l'esprit de son interlocuteur, le cisaille, le coupe, le burine… La maïeutique de la conscience influencée par la mère, articulée à la sculpture de l'esprit influencée par le père résume, si l'on peut dire, toute la philosophie du personnage Socrate.

Il est important de parler de « personnage » pour Socrate, dans la mesure où il n'a laissé aucun écrit, que l'on connaît peu de chose sur sa biographie, et que les seuls éléments majeurs concernant sa philosophie ne nous sont parvenus qu'à travers les textes de Platon. Cela signifie qu'il est difficile de faire clairement la part des choses entre ce que dit réellement Socrate d'un côté, et ce que pourrait lui faire dire Platon dans les dialogues. Et même si des éléments distinctifs peuvent être détectés dans l'ouvrage du disciple Xénophon, *Les Mémorables*[1], il y a toutefois beaucoup de prudence à avoir lorsque l'on aborde Socrate. Car qui, finalement, est l'auteur des phrases, est-ce Socrate ou Platon ? Par ailleurs, nous ne pouvons que lire ses dialogues. Or, la philosophie est, à cette époque, de tradition orale ; ces échanges de parole ont donc des caractéristiques qui ne paraissent pas dans les retranscriptions.

Le dialogue socratique

Les dialogues de Socrate avec ses interlocuteurs ne sont pas tout à fait aussi policés que ce que nous laissent entendre les dialogues platoniciens. Socrate est parfois agressif ou provocateur, au point qu'il est rapporté que, régulièrement excédés, ses interlocuteurs pouvaient le mépriser, le railler et certains même lui répondre par les poings. Cette lutte dans les dialogues peut laisser croire qu'il se voulait dominateur afin de gagner une sorte de joute verbale. Ce n'était pas le cas, car Socrate cherchait au contraire à associer ceux avec qui il parlait, et non à les déconsidérer. Il s'agissait de travailler ensemble à la compréhension de la vérité.

Au-delà de la vérité, ce que cherche à investiguer Socrate de la façon la plus attentive possible, c'est le Bien (*agathon*) et la

---

1. Xénophon, *Les Mémorables*, Flammarion, 1935.

vertu (*arétê*). Il incite à cette investigation en s'appuyant sur l'inscription delphique : « *Connais-toi toi-même.* » Pour les Grecs, l'*arétè* d'une chose, c'est sa capacité à devenir ce pour quoi cette chose est faite. Chez l'homme, l'*arétè* se trouve dans l'âme, dans la partie divine. Le Bien pour Socrate est donc cette *arétè*, qui, comme essence de l'homme, permet la sagesse, la raison.

Cette investigation de la vertu, du Bien et de la vérité, Socrate la réalise non pas dans une école ou une agora, mais dans la rue, sur les marchés athéniens, ou chez des amis lors de banquets. À l'occasion de ses discussions, Socrate se rend compte que tous ses interlocuteurs se disent possesseurs d'un savoir et prétendent également connaître ce que sont le Bien et la vertu. Pour Socrate, il s'agit d'établir si ce savoir est fondé, s'il est solide. Systématiquement, Socrate est confronté non pas à un savoir, mais à une croyance de savoir. L'ersatz de savoir ne tient pas face à l'examen, au questionnement socratique appelé la « méthode aporétique ». Cette méthode consiste à poser des questions qui finissent par mettre à mal le savoir apparent de l'interlocuteur. À la fin de la série de questions, l'interlocuteur se rend finalement compte qu'il ne sait rien. Il se trouve alors une aporie – absence de solution –, à partir de laquelle le dialogue peut être reconstruit sur de nouvelles bases. Observons le fonctionnement socratique à travers un exemple : le *Théétète*[1] de Platon, où Socrate s'entretient avec le jeune Théétète :

THÉÉTÈTE – *Vraiment, Socrate, ainsi encouragé par toi, on aurait honte de ne pas faire tous ses efforts pour dire ce qu'on a dans l'esprit. Donc, il me paraît que celui qui sait une chose sent ce qu'il sait et, autant que j'en puis juger en ce moment, la science n'est autre chose que la sensation.*

---

1. Platon, *Théétète*, Flammarion, 1999.

SOCRATE – C'est bien et bravement répondu, mon enfant : c'est ainsi qu'il faut déclarer ce qu'on pense. Mais allons maintenant, examinons en commun si ta conception est viable ou si elle n'est que du vent. La science est, dis-tu, la sensation ?

THÉÉTÈTE – Oui.

SOCRATE – Il semble bien que ce que tu dis de la science n'est pas chose banale ; c'est ce qu'en disait Protagoras lui-même. Il la définissait comme toi, mais en termes différents. Il disait en effet, n'est-ce pas, que l'homme est la mesure de toutes choses, de l'existence de celles qui existent et de la non-existence de celles qui n'existent pas. Tu as lu cela, je suppose ?

THÉÉTÈTE – Oui, et plus d'une fois.

SOCRATE – Ne veut-il pas dire à peu près ceci, que telle une chose m'apparaît, telle elle est pour moi, et que telle elle t'apparaît à toi, telle elle est aussi pour toi ? Car toi et moi, nous sommes des hommes.

THÉÉTÈTE – C'est bien ce qu'il veut dire.

SOCRATE – Il est à présumer qu'un homme sage ne parle pas en l'air. Suivons-le donc. N'arrive-t-il pas quelquefois qu'exposés au même vent, l'un de nous a froid, et l'autre, non ; celui-ci légèrement, celui-là violemment ?

THÉÉTÈTE – C'est bien certain.

SOCRATE – En ce cas, que dirons-nous qu'est le vent pris en lui-même, froid ou non froid ? Ou bien en croirons-nous Protagoras, et dirons-nous qu'il est froid pour celui qui a froid, et qu'il n'est pas froid pour celui qui n'a pas froid ?

THÉÉTÈTE – Il semble bien que oui.

SOCRATE – N'apparaît-il pas tel à l'un et à l'autre ?

THÉÉTÈTE – Si.

SOCRATE – Mais apparaître, c'est être senti ?

THÉÉTÈTE – Effectivement.

SOCRATE – Alors l'apparence et la sensation sont la même chose en ce qui concerne la chaleur et toutes les choses du même genre ; car telles chacun les sent, telles elles semblent bien être pour chacun.

THÉÉTÈTE – C'est vraisemblable.

SOCRATE – Donc la sensation, en tant que science, a toujours un objet réel et n'est pas susceptible d'erreur.

THÉÉTÈTE – Évidemment.

Nous voyons, à travers cet exemple, comment Socrate s'y prend concrètement pour déconstruire, décortiquer le discours de son interlocuteur. La succession précise de questions fait en sorte que l'interlocuteur lui-même finit par acquiescer au raisonnement. Socrate ne cherche pas à convaincre par plaisir de gagner, comme nous l'avons souligné ; c'est une démarche coproduite du savoir qu'il propose à ses interlocuteurs. C'est sur ces nouvelles bases que la construction d'un savoir pur et non *a priori* peut s'établir. C'est par la raison, et uniquement par elle, que se laisse guider Socrate, ainsi qu'il le déclare : « *Je ne dois me laisser persuader par rien que par une raison unique, celle qui est reconnue la meilleure à l'examen.* »

Pour amener son interlocuteur à cette réalisation commune, Socrate joue à faire l'enfant et l'ingénu, dit Alcibiade dans *Le Banquet*[1] de Platon. Il prend son air ignorant, feint l'impudence, dissimule son savoir, gardant une forme de naïveté tout en étant finalement certain non pas du savoir, mais de la méthode qu'il emploie, lui garantissant l'accès à la vérité et au savoir. Ce savoir, sans paraître, est ce qui est appelé l'« ironie socratique ».

---

1. Platon, *Le Banquet*, Flammarion, 2007.

L'ironie socratique comme exercice spirituel

Ces éternelles questions, ces feintes d'ignorance et de naïveté face à ses interlocuteurs constituent la base de l'ironie socratique. Par ses questions, Socrate les amène à reconnaître leur ignorance, mais aussi, et surtout, à provoquer chez eux un trouble suffisamment conséquent pour remettre en cause tout leur savoir, parfois même toute leur vie. Ce moment crucial est tout à fait perceptible, nous l'avons vu, dans les dialogues socratiques de Platon, quand l'interlocuteur de Socrate perd confiance et se décourage. Le dialogue pourrait même presque s'arrêter par un départ ou un abandon. Socrate repère cet instant et maintient une tension, où il montre qu'il prend part à l'échec possible de la discussion. Il renverse le dialogue pour que son interlocuteur ne se sente pas humilié, mais plutôt épaulé dans l'adversité, qui n'est finalement pas l'individu Socrate, mais un combat à l'encontre d'un ersatz de savoir, de convictions fausses, d'erreurs…

Le mot « ironie » vient du grec *eironeia* et, dans les textes de Platon, nous pouvons distinctement constater que cette ironie socratique est une attitude psychologique où Socrate cherche à paraître inférieur à ce qu'il est réellement. Il se déprécie face à son interlocuteur pour lui donner raison, et lui faire croire qu'il adopte le point de vue de celui-ci. C'est Cicéron, dans *Lucullus*[1], qui réalise cette analyse du comportement socratique : « *Socrate, se dépréciant lui-même, concédait plus qu'il ne fallait aux interlocuteurs qu'il voulait réfuter : ainsi pensant une chose et en en disant une autre, il prenait plaisir à user habituellement de cette dissimulation que les Grecs appellent "ironie".* » L'objectif du « *sage-homme* », pour reprendre l'expression de Montaigne, est donc de se faire passer pour n'importe quel Athénien, pour quelqu'un de tout à fait simple, voire superficiel, abordant au début de ses discussions des propos sur tout ce qu'il y a de plus banal.

---

1. Cicéron, *Lucullus*, 15.

Cette ironie est poussée à son paroxysme alors que Socrate refuse de devenir un maître, ce qui pour l'époque est une marque non seulement d'honneur ou de pouvoir, mais aussi d'affection, de transmission et de générosité. Cette ironie s'exacerbe aussi dans son refus de disciples qu'il aura pourtant, et dans son refus d'enseigner, car il prétend n'avoir rien à communiquer, parce qu'il ne sait rien, ainsi qu'on peut le lire dans *Les Réfutations sophistiques*[1] d'Aristote : « *Socrate prenait toujours le rôle de l'interrogateur, jamais du répondant car il avouait ne rien savoir.* »

L'ironie socratique se déroule habituellement de la même façon. Socrate aborde son interlocuteur sur l'activité que celui-ci est censé maîtriser, ou qu'il dit maîtriser. Il cherche alors à définir quel savoir il est nécessaire de posséder pour exercer l'activité en question. Par toute une série de questions, Socrate interroge son interlocuteur sur les véritables fondements de son savoir, et ce dernier se rend alors généralement compte qu'il ne sait pas pourquoi il agit de telle ou telle façon et qu'il exerce une activité sans bien comprendre les fondements de celle-ci. Toutes ses convictions s'effondrent. Avant sa confrontation avec Socrate, il croyait avoir de son activité une certaine connaissance, mais finalement il se rend compte qu'il l'exerçait sans trop savoir pourquoi.

Socrate use d'une double méthode pour sa rhétorique ironique selon qui se trouve en face de lui. Face aux ignorants, il cherche à les convaincre qu'ils en savent suffisamment pour vivre et agir de façon tout à fait convenable. Face aux savants, ceux qui se disent possesseurs d'un savoir, il déclare fermement qu'il ne sait qu'une chose, celle de ne rien savoir. C'est face à eux, essentiellement, que l'ironie s'opère.

Socrate feint de ne pas savoir et interroge son interlocuteur sous prétexte de vouloir apprendre quelque chose de lui ; c'est

---

1. Aristote, *Les Réfutations sophistiques*, Vrin, 2002.

le premier moment, la pseudo-dépréciation de lui-même. Le second moment sera l'entrée de Socrate au sein même du discours de son interlocuteur ; Socrate conserve sa position d'interrogateur et son propos, expliquant que, lui, ne sait qu'une chose, c'est qu'il ne sait rien. Le troisième et dernier temps sera à la fin de la discussion, où l'interlocuteur de Socrate, parfaitement dérouté, ne sait plus finalement où se trouvent ses croyances anciennes.

L'interlocuteur repart non sans connaissance, mais au contraire avec un savoir qui est celui de l'activité de l'esprit, une méthode d'accès au savoir, qui n'est cependant pas le savoir lui-même. C'est aussi cela la maïeutique, l'« accouchement des esprits » ; à travers l'ironie, la façon de faire accéder les interlocuteurs à la remise en cause des savoirs en vue d'acquérir un savoir différent, méthodologique, nouveau, en quelque sorte « pur ».

« Connais-toi toi-même »

Cette phrase représente tout ce que chaque homme est censé viser. Ce mot d'ordre est pour Socrate l'application directe d'un exercice spirituel où tout passe par la connaissance de soi. L'ironie socratique, que nous venons de voir plus haut, contribue à la connaissance de soi. L'ironie, en effet, suggère, outre l'expérimentation de la méthode, la mise en question, l'interrogation, le regard sur l'autre en même temps que sur soi. Le regard sur soi ne s'effectue que par l'homme et pour lui-même, mais il ne s'agit pas de négliger autrui, qui peut représenter tantôt un guide, tantôt un miroir, tantôt un autre soi, comme de nos jours le rôle que peut avoir un psychothérapeute par exemple. Socrate endosse ici le rôle de guide, de « *sage-homme* », mais tout son système ne tient qu'à travers le dialogue, qui est présenté dans une relation de personne à personne, mais qui est aussi un dialogue de soi à soi.

« Je ne sais qu'une chose, c'est que je ne sais rien »

Nous avons noté l'insistance dans l'ironie socratique d'une position où il déclare ne rien savoir. Que peut bien signifier cette phrase, parmi les plus célèbres de toute l'histoire de la philosophie : *« Je ne sais qu'une chose, c'est que je ne sais rien »* ? On peut y voir tout d'abord une continuité ou un commencement de l'ironie socratique. Sous un angle différent de celui que nous avons vu, sous un angle plus hypocrite, pour le dire de façon directe. Car, en effet, Socrate a un certain savoir, fût-il minime, fût-il exclusif à la méthode d'accès au savoir. Il aurait pu modestement dire qu'il connaissait une infime partie du savoir, mais qu'il n'était pas ignorant en tout, comme il le laisse ici supposer. On peut aussi y voir la conscience pour Socrate d'être face à une telle immensité de savoirs, que l'infime partie qu'il connaît lui semble ridicule, qu'il a l'impression de ne rien connaître. Troisième hypothèse, que l'on trouve chez Pierre Hadot dans son *Éloge de Socrate*[1], Socrate peut aussi vouloir dire qu'il ne détient aucun savoir transmissible ; il ne peut que partager une méthode pratique, il ne peut pas transmettre tel quel un savoir de son esprit à l'esprit d'autrui. Cette position corrobore le désir de Socrate de ne pas être un maître ni d'avoir de disciple. Pour donner un exemple, dans *Les Mémorables*[2] de Xénophon, Hippias s'adresse à Socrate et lui demande : *« Au lieu de questionner toujours sur la justice, il vaudrait mieux, une fois pour toutes, dire ce que c'est. »* Et Socrate de répondre : *« À défaut de paroles, je fais voir ce qu'est la justice par mes actes. »* Socrate montre bien qu'il n'est pas dans une philosophie de concepts : de la justice, en quelque sorte, il ne sait rien, pourrait-il dire ; mais pour autant il l'expérimente dans ses actes.

---

1. Pierre Hadot, *Éloge de Socrate*, Allia, 1998.
2. Xénophon, *Les Mémorables*, *op. cit.*

Le dialogue à la mort de Socrate

Socrate est le premier philosophe à mourir par suite de sa condamnation. Celle-ci a lieu à la suite d'une déposition faite par Mélétos. Ce dernier lui reprochait d'enfreindre la loi non seulement en ne reconnaissant pas les dieux que reconnaissait Athènes, mais en en ajoutant d'autres. La déposition fait aussi état d'une transgression de la loi en corrompant la jeunesse. Dans son *Apologie de Socrate*[1], Platon relate de façon assez détaillée le procès de son maître. La coutume athénienne des procès était relativement singulière à cette époque, puisqu'il était demandé à l'accusé quelle pouvait être sa peine. Socrate répondit alors sans vergogne qu'il méritait d'être nourri aux frais de la cité jusqu'à la fin de sa vie et d'être logé au Prytanée, lieu splendide où les hommes les plus illustres d'Athènes étaient accueillis. Son insolence terrible devant ses propres juges lui valut d'être condamné à mort.

Il fut jeté au cachot en attendant sa mise à mort. À de nombreuses reprises, il aurait pu s'échapper de prison, mais il refusa chaque fois. Il fut supplié par ses disciples de s'enfuir, et nombreux sont ceux qui le pleuraient déjà. Il s'indigna contre ceux qui n'acceptaient pas ce destin, et lorsqu'on le plaignait en disant que les Athéniens étaient coupables de sa condamnation, il répondait que la nature les avait, eux aussi, condamnés à mort.

Alors qu'il s'apprête à boire la ciguë, Apollodore s'approche de lui et lui tend un beau manteau afin qu'il puisse s'envelopper confortablement dedans pour mourir. Socrate refuse le présent, expliquant que son propre manteau lui ayant suffi pour vivre, il n'y a pas de raison qu'il ne lui suffise pas pour mourir. Il prit donc la coupe contenant le poison et la porta à ses lèvres. Juste avant, il dit à l'homme qui la lui avait apportée : « *N'oublie pas d'aller sacrifier un coq à Esculape.* » Cette dernière parole,

---

1. Platon, *Apologie de Socrate, op. cit.*

énigmatique, est diversement interprétée et traduite. Cela peut signifier qu'il devait un coq à Esculape, un Athénien, et que devant la mort qu'il ne craint pas, il songe simplement à régler ses dernières dettes. Cela peut aussi faire référence à Esculape, dieu de la Médecine, donc de la santé…

Quand les Athéniens apprirent la mort de Socrate, ils en voulurent à Mélétos d'avoir fait une telle déposition et le bannirent d'Athènes. Les Athéniennes dressèrent dans les jours qui suivirent une statue en bronze à l'effigie de Socrate.

Le dialogue comme exercice spirituel

Le dialogue est fondamental chez Socrate et joue véritablement le rôle d'exercice spirituel, que ce soit en échangeant avec autrui ou avec soi-même. Ce propos est aussi celui du philosophe Antisthène que nous allons découvrir ci-après, pour qui la philosophie consiste d'abord à « *converser avec soi-même* ».

Le dialogue a ce rôle d'exercice spirituel à travers la rencontre de soi ou d'autrui, comme les dialogues platoniciens le montrent. Les acteurs de ces dialogues sont dans une démarche spirituelle, leurs échanges ne consistent en effet pas à présenter simplement leur vision de la vérité, mais sont un engagement dans une discussion pour convaincre. Pierre Hadot souligne cependant, qu'au-delà de chercher à persuader, il y a véritablement l'utilisation de la psychagogie, c'est-à-dire l'art de séduire les âmes. L'idée n'est donc pas d'avoir raison sur l'autre, mais de persuader autrui pour avoir raison ensemble.

Ce qui semble fondamental dans le dialogue n'est pas tant le résultat obtenu que le cheminement effectué par les différents acteurs, le disciple et le maître. En cela, le dialogue platonicien correspond tout à fait à un exercice spirituel car il conduit le lecteur à une certaine conversion. La dialectique réalise une montée commune vers la vérité et le Bien car, pour Platon, elle est soumise aux exigences du *logos*, de la pensée pure.

Rappelons-le pour conclure, Socrate n'est pas un créateur de concepts philosophiques ; il est un philosophe « vivant », un philosophe dans l'action. Il n'enseigne pas de théorie ; sa vie, sa pratique de la philosophie est en elle-même un exercice spirituel. Nous avons vu ses grandes phrases, ses exercices spirituels qu'il répétait à longueur de journée avec d'autres ou pour lui-même, et c'est dans cet esprit qu'il dit à son interlocuteur : « *Prends souci de toi* », dans l'*Alcibiade*[1] de Platon.

Socrate a véritablement eu une vie philosophique. De son enfance à sa mort, il s'est appliqué à conserver cette vie en refusant les esclaves qu'on lui offrait, en discutant avec tous, en faisant comme unique dogme qu'il n'y a qu'un seul bien, la science, et un seul mal, l'ignorance.

« *Connais-toi toi-même* », a lancé Socrate à toute la philosophie, reprenant l'inscription du forum de Delphes. C'est toute la philosophie qui a reçu ce message, et cela sans que Socrate n'ait écrit un seul texte ni même fondé d'école. Cela n'a pas empêché l'existence de nombreux disciples – dont Platon, le premier d'entre eux – et d'autres écoles, qui se sont créées en se réclamant de sa philosophie, et notamment les cyrénaïques et les cyniques. Ces derniers ont particulièrement suivi une vie philosophique pratique dans la lignée de Socrate, où l'on reconnaît la présence d'exercices spirituels et ce, sous une forme singulière.

Une spiritualité cynique

Qu'est-ce que le cynisme ?

Le cynisme n'est pas l'usage courant que l'on peut en faire aujourd'hui, c'est-à-dire un certain mépris des conventions sociales sur le ton de la provocation, même si toutefois certains

1. Platon, *Alcibiade*, Flammarion, 1999.

attributs peuvent s'en rapprocher. La finalité n'est pas la même puisque, dans l'usage philosophique, le cynique a pour objectif de faire changer les mentalités, tandis que dans la signification contemporaine on trouve une forme de gratuité dans la provocation. Il est d'ailleurs tout à fait intéressant que la langue allemande possède deux mots distincts pour ne pas confondre le cynisme antique, que nous allons voir, avec le cynisme contemporain.

Le terme « cynique » vient du grec *kunikos*, qui signifie « concerne le chien ». C'est le nom qu'a choisi Antisthène pour nommer son école philosophique – l'« école cynique » –, laquelle se revendique de la pensée de Socrate. Il y a pourtant de nombreux points divergents d'avec la « théorie » socratique, notamment sur la notion d'« ironie », qui chez les cyniques rejoint le sens contemporain. Deux personnages majeurs sont à l'origine de cette école et ont contribué à sa célébrité : Antisthène et le fameux Diogène de Sinope.

Le choix du nom de l'école cynique, « chien », semble reposer sur deux raisons. La première vient du fait qu'Antisthène enseignait dans le Cynosarge, le « mausolée du chien », qui se trouvait dans la banlieue d'Athènes. Ce lieu était particulièrement singulier car cosmopolite ; il accueillait en effet tous ceux qui n'étaient pas de deux parents athéniens. La seconde raison viendrait du fait qu'il se surnommait lui-même « chien », montrant ainsi un mépris des lois et des conventions et prônant un retour aux choses plus simples, à la nature.

Antisthène, le fondateur

Contemporain de Socrate et de Platon, Antisthène est né en 445 av. J.-C. et est mort épuisé, dit-on, par la maladie en 360 av. J.-C. Il fut l'un des disciples du « père de la philosophie », même s'il est plus connu comme sophiste, étant également disciple de Gorgias, ennemi de Platon. Antisthène, fondateur de l'école cynique, passe aussi pour avoir jeté les fondements de la philosophie stoïcienne.

Les idées d'Antisthène sont très simples, mais non moins puissantes : la vertu est la même pour tous les individus et elle peut s'apprendre ; il s'agit pour cela de désapprendre ce qui est mal en écartant toutes les traditions, les conventions sociales. La vertu cynique est fondée sur l'effort, qui est considéré comme un bien lorsqu'il est employé à bon escient. La vertu ainsi que l'effort sont pour les cyniques ce qui constitue la richesse ; richesse qui se différencie et s'oppose à tous les biens extérieurs qui font courir les hommes. Dans le *Banquet*[1] de Xénophon, Antisthène est mis en scène avec Socrate, qui l'interroge sur la richesse : « *C'est je crois, dit-il, mes amis, que les hommes ont dans leurs âmes, et non dans leurs maisons, la richesse et la pauvreté [...]. Quand je désire faire bonne chère, je ne vais pas acheter au marché les denrées de luxe – elles sont évidemment trop coûteuses –, mais je puise à même ma réserve intérieure. Et c'est toute la différence du plaisir que de supporter patiemment le désir et d'y résister, plutôt que de consommer l'un de ces mets de luxe.* »

Antisthène croit à l'accès à la vertu, qui elle-même apportera le bonheur. Et pour cela, il n'est pas besoin de grandes qualités intellectuelles, mais seulement de volonté. C'est la volonté qui permet d'acquérir les qualités du cynique : l'endurance, la maîtrise de soi, l'impassibilité. Cette volonté, outre la vertu, permet de savoir comment se comporter et se maîtriser face à la souffrance quotidienne, que ce soit la mort, la fin, la soif... La philosophie créée par Antisthène est véritablement une philosophie « en acte », où la volonté de l'homme est mise en exergue pour évacuer les obstacles à venir de la vie, du quotidien.

---

1. Xénophon, *Banquet*, Hatier, 1996.

L'école d'Antisthène s'oppose à la philosophie hédoniste d'un autre disciple de Socrate : Aristippe de Cyrène. Contrairement à lui, Antisthène montre que les plaisirs sont trompeurs car ils n'apportent qu'un bonheur éphémère, vain et sont source de déception à venir. Le plaisir n'est pas pour cela inatteignable, mais simplement il ne peut figurer qu'à travers une ascèse personnelle et une volonté de tout mettre en œuvre, ce qui reléguera alors les passions à l'inutile.

Antisthène suit à la lettre la philosophie de Socrate : vivre de peu, se satisfaire du strict nécessaire. Il porte par fidélité le même manteau, le même *tribôn* que Socrate. D'ailleurs, un jour que le fondateur du cynisme retourne le côté abîmé de son manteau, Socrate l'interpelle et lui dit : « *Je vois à ton manteau que tu recherches la vaine gloire !* » Nous retrouvons là le bon vieux maître Socrate qui n'épargnait pas ses « disciples » et savait les remettre en question dès qu'ils semblaient transgresser la philosophie qu'ils défendaient.

Diogène de Sinope, « le Socrate devenu fou »

Diogène est à Antisthène ce qu'Aristote est à Platon, ou Platon à Socrate : son premier et fidèle disciple. Diogène, originaire de la mer Noire, est né à Sinope en 413 av. J.-C. et mort vers 323 av. J.-C. Sa vie est entourée d'anecdotes, de rumeurs, de réputations, tant son comportement était singulier. On rapporte qu'il vivait dans la cité d'Athènes dans un tonneau, mais plus vraisemblablement dans une grande jarre à huile dont la taille était suffisante pour recevoir un homme. Diogène était connu pour passer certaines de ses journées une lampe allumée en plein jour à la recherche de l'idée de l'homme. C'est là très certainement une référence à la philosophie platonicienne du monde des idées.

Diogène est souvent considéré comme fou et cela, certainement à cause de Platon, à qui on demanda un jour de qualifier

Diogène. Il répondit : « *Socrate devenu fou !* » Diogène de Sinope, cherchant à prolonger la philosophie de Socrate, allait jusqu'à l'imiter, lui aussi, dans le port d'un *tribôn*. Fait de laine, Diogène l'avait sur lui en permanence, il lui servait de couverture pour dormir. C'est, en effet, par fidélité à Socrate qu'il portait ce vêtement, ce dernier démontrant publiquement par ce manteau une absence de besoin.

Diogène fut donc le premier disciple d'Antisthène, mais leurs premières rencontres ne présageaient pas une telle filiation puisque Antisthène, ne voulant être suivi par personne, le repoussa à coups de bâton, jusqu'au jour où Diogène lui dit : « *Frappe, car tu ne trouveras pas de bois assez dur pour m'écarter, tant qu'il est clair que tu as quelque chose à dire.* » Depuis ce jour, Antisthène comprit qu'il ne se déferait pas de cet individu, et ils restèrent ensemble. Diogène avait beaucoup de reconnaissance envers son maître. Dans les *Entretiens*[1] d'Épictète, il est rapporté que cette relation avec Antisthène était liée au fait que celui-ci l'avait libéré en lui montrant ce qui lui appartenait et ce qui ne lui appartenait pas. La propriété, ses parents, ses amis, sa réputation : toutes ces choses lui étaient étrangères. Sa seule possession, expliquait-il, était l'usage des représentations comme lui avait enseigné Antisthène. Celles-ci sont inviolables, libres, personne ne peut s'y opposer ni les forcer.

Falsifier la monnaie

L'ensemble de la philosophie cynique repose sur la volonté de renverser l'ordre établi, les conventions sociales à l'endroit d'une civilisation où la réussite sociale, la gloire et la richesse sont légion, à l'instar du contemporain Alexandre le Grand, figure de proue de ces vaines ambitions. Ce renversement souhaité par les cyniques se trouve symbolisé dans l'expression « *falsifier la monnaie* ». C'est Diogène lui-même qui utilise cette

---

1. Épictète, *Entretiens*, *op. cit.*

formule dans son livre *Le Pordalos*[1]. Il faut préalablement noter que son père était banquier et qu'il représentait de fait tout ce contre quoi Diogène se battait. Cette falsification symbolique se présente comme un renversement des valeurs traditionnelles, réelles ou symboliques.

Cette position de « rebelle » de la philosophie, pour ainsi dire, était particulièrement mal vécue par les autres écoles philosophiques. D'autant plus que Diogène prenait un malin plaisir à critiquer les autres philosophies : « *Perte de temps* », dit-il des cours de Platon ; « *Bile* », des cours d'Euclide ; et « *Grands spectacles pour fous* », des concours de Dionysos.

Le cynisme est une philosophie, mais en même temps il se départit de toutes les conventions de la philosophie. S'éloignant des concepts platoniciens de l'époque, des grandes théories ou des longs traités aristotéliciens, les cyniques, et Diogène en particulier, pratiquent leur philosophie à l'instar de Socrate, mais sans la diplomatie et en ne répondant pas avec la grâce de la maïeutique, plutôt en jetant une expression, une réflexion, une remarque mettant à mal leur interlocuteur. Un moment célèbre caractérise cette attitude : le jour où Alexandre le Grand, ayant entendu parler de Diogène, souhaite le rencontrer. Il se rend auprès de lui au Cranéion, se tient devant lui et lui demande ce qu'il veut. Diogène est alors allongé, en train de prendre le soleil. Comme réponse à ce qu'il souhaite, Diogène lui lance : « *Arrête de me faire de l'ombre !* » Diogène se fiche des conventions, du pouvoir. Ce qui lui importe, ce n'est pas qu'un homme de pouvoir s'adresse à lui, c'est de faire ce dont il a envie. Que peut bien lui apporter Alexandre qu'il n'ait déjà ? « *Rien !* », répond le cynique. Le pouvoir, l'argent et les richesses ne sont pas sources de bien-être, et sont même sources d'angoisse. Pas rancunier, et peut-être même envieux

---

1. Diogène de Sinope, *Le Pordalos* in Diogène Laërce, *Vie, doctrines et sentences des philosophes illustres*, *op. cit.*

de la liberté de Diogène, on prête à Alexandre l'expression : « *J'aurais voulu être Diogène.* »

Politique et compromission

La politique et ce qu'elle représente sont particulièrement détestables pour les cyniques ; tout n'est que faux-semblant, mensonge et vils courtisans. Elle n'est qu'un mélange de passions : pouvoir, richesse, possession. L'altercation de Diogène avec Alexandre n'est d'ailleurs pas la seule qu'il eut avec une personnalité politique puisqu'il défia également le roi Philippe. Mais ce comportement est partagé par tous ceux qui appartiennent à l'école cynique et Cratès le cynique se moqua également d'Alexandre. Isidore le cynique s'opposa au tyran Néron, lui reprochant de vouloir s'occuper de la vie publique alors qu'il ne savait pas même administrer ses propres biens. Un autre cynique, Démétrius, provoqua l'empereur Vespasien, ne le saluant pas et ne se levant pas sur son passage.

Il s'agit, en tant que cynique, de s'abstenir de toute politique, de tout engagement politique comme des autres engagements d'ailleurs, qu'ils soient familiaux, sociaux… S'engager est une forme de compromission. La liberté, valeur philosophique fondamentale pour Diogène, s'en retrouverait mise à mal. Ainsi celui-ci reprend le bon mot d'Antisthène à propos de la politique : « *C'est comme le feu, il ne faut pas en être trop proche, de peur de se brûler, et pas trop loin, pour ne pas geler.* »

Mort de Diogène

Comme pour tout grand philosophe, sa mort n'est pas sans histoires ni légendes. Comme nous l'avons vu avec l'étude des philosophes précédents, la mort nous permet généralement d'approfondir notre connaissance sur la philosophie en question.

Notons tout d'abord qu'avec des accents épicuriens, Diogène exprimait que la mort ne peut pas être un mal puisque nous ne sommes plus conscients quand elle se présente. Elle s'est présentée à lui alors qu'il avait près de quatre-vingt-dix ans, et plusieurs versions la retracent.

La première est qu'il serait décédé d'une indigestion après avoir mangé un poulpe cru. La deuxième version expose que le poulpe en question aurait été partagé avec des chiens, mais que l'un d'eux l'aurait mordu au tendon, et il en serait mort. Enfin, la troisième et officielle, si l'on peut dire puisque c'est la version de ses disciples, relate l'arrêt de sa respiration. On raconte, en effet, que Diogène fut trouvé enroulé dans son manteau. Pensant qu'il dormait, alors que ce n'était pas son habitude, ses disciples ouvrirent le manteau et le découvrir inanimé. Ils en conclurent que c'était un acte volontaire pour s'échapper de la vie.

Exercices spirituels cyniques

Mieux vivre, mieux être, vivre du mieux possible sont les bases de la philosophie cynique. Les aléas de la fortune, les angoisses de la possession, la quête du pouvoir sont tout autant d'éléments qui peuvent nuire au vivre-bien, au vivre sans souci. Pour eux, c'est l'apathie qu'il s'agit de viser, et non le bonheur. Cette apathie réside dans la volonté de se retrouver dans un état suffisamment serein pour affronter les aléas de la vie, du quotidien sans éprouver de souffrance. On retrouve là une position qui viendra s'établir chez les stoïciens. Pour atteindre l'apathie, les cyniques invitent à s'inspirer de deux ordres : le monde animal – les animaux ont des besoins très restreints – et le monde divin – dans l'imaginaire collectif, les dieux n'ont pas de besoin – ; il s'agit de tendre vers cette attitude. Se suffire de peu, c'est se suffire uniquement à soi-même. Cette philosophie de l'autarcie est au cœur de l'exercice spirituel des cyniques. Savoir être ce que l'on est sans besoin d'autrui en est l'essence, au prix, s'il le faut, de posséder très peu, de vivre de très peu.

Nul besoin de pouvoir ou de possession matérielle car, précise-t-il : « *N'est riche que celui qui se suffit à lui-même.* » Se suffire de peu et prendre exemple sur le monde animal sont donc les voies cyniques pour accéder au bonheur. On peut comprendre que les autres écoles philosophiques contemporaines des cyniques furent froissées par ses positions radicales, remettant en cause tout principe et corroborées par le fait que, pour eux, entre le divin et l'animal se trouve l'homme qui n'est plus mis en exergue comme dans les autres philosophies, mais se retrouve en quelque sorte condamné.

Suppression des plaisirs vains par la raison ou la corde

« *Il faut de la raison ou la corde* », lance Diogène le cynique. L'homme doit savoir utiliser sa raison pour renoncer à ses passions et les maîtriser. Diogène est parfaitement conscient que l'homme est attiré par l'envie de possession et l'envie de pouvoir. Il ne nie pas que ses désirs existent, et il ne condamne pas l'homme *a priori*. Cependant, il est dans le même temps conscient que l'homme possède une raison et qu'il est de son devoir d'en user pour combattre ses passions.

Se connaître soi-même pour mieux se posséder est la seule solution pour ne pas être esclave de soi ou d'autres. Se maîtriser est la voie d'accès à la raison qui conduira à la suppression des plaisirs vains. Ces plaisirs vains ne sont pas que dans le luxe et l'abondance ; le quotidien, l'ordinaire est rempli de superflu. Pourquoi des plats si élaborés ? Regardez comme la souris se suffit des restes pour vivre, nous dit en substance Diogène. Pourquoi du vin de Chios ? Regardez comme la brebis se suffit de l'eau d'une source pour boire, estime-t-il encore. Quelle est la nécessité d'une couronne de laurier gagnée aux Jeux olympiques ? Voilà de vains efforts tout à fait inutiles où l'homme s'épuise sans fin. Être admiré de façon éphémère par quelques badauds n'a aucun sens pour le cynique. Seul son propre dépassement peut être honorable. Nous aurons, bien sûr, compris qu'il ne s'agit pas dans ce cas d'un rejet du sport, de l'exercice physique. Antisthène en reconnaît d'ailleurs les vertus : « *Les hommes de bien devront façonner leur corps par la gymnastique, et leur esprit par le raisonnement.* » Simplement, faire de l'exercice pour soi et se sentir bien n'est pas du tout la même chose que de rechercher gloriole, médailles et couronnes de laurier olympiques…

Le plaisir est un puits sans fond, et c'est cet aspect sans limite qu'il faut combattre, et non l'assouvissement du plaisir. La recherche du plaisir raisonne en écho à la souffrance, au travail, à la maladie, aux revers de la fortune, à toutes les difficultés, les obstacles de la vie. En ne recherchant pas le plaisir, on découvre l'apaisement, la sérénité d'une vie sans désirs vains. Ce combat des plaisirs est le plus sûr moyen de recouvrer sa liberté d'individu, où ambition, appât du gain, crainte des puissants ne seront plus qu'illusions. L'homme doit s'écarter le plus possible des plaisirs, il n'en deviendra que plus fort.

Pour accéder à l'indifférence des plaisirs et au contentement d'une vie frugale, Diogène montre qu'il y a deux sortes d'ascèses ; l'une concerne l'âme, l'ascèse psychique, et l'autre le corps, l'ascèse corporelle. Cette dernière nécessite un exercice continu, précise-t-il, facilitant l'accès aux actes vertueux. Cependant, cette ascèse corporelle est incomplète puisque la force, l'entraînement est tout autant à rechercher pour le corps que pour l'âme. Ainsi, il explique que ceux qui usent des arts manuels, comme les artistes, les menuisiers, les cordonniers, sont brillants dans leurs savoirs, mais qu'il eut été plus nécessaire et bénéfique de reporter une partie de leur ascèse dédiée à l'un ou l'autre art sur l'âme. Selon Diogène, la vie ne peut donc être réussie sans ascèse, alors qu'au contraire l'ascèse peut triompher de tout.

Le cynique, citoyen… du monde

L'exil fait partie, en quelque sorte, des commandements cyniques. C'est pour eux l'occasion d'une nouvelle ascèse à travers le détachement de la patrie, des repères, des facilités et habitudes acquises dans un lieu qui permettra une émancipation d'autant plus grande.

Savoir vivre ailleurs, c'est savoir se faire « citoyen du monde », c'est savoir vivre avec les coutumes des autres, leurs connaissances, leurs savoirs, leurs droits et leurs traditions. Se projeter volontairement dans un espace différent du sien, c'est se projeter dans l'inconnu, dans le doute, dans l'incertitude. Ce sont ces notions qui rendent humble, qui rendent curieux et, surtout, qui rendent possible la suppression de la vanité et des plaisirs. C'est en observant les autres, hors de ses propres frontières, que l'on s'aperçoit aussi que les plaisirs ne sont pas les mêmes pour tous, qu'ils sont inépuisables – cela les rend d'autant plus ridicules.

Être citoyen du monde est la proposition des cyniques, à une époque où le monde est encore en grande partie inconnu, où il n'y a aucune certitude sur ce qu'est le monde terrestre, où les peuples sont encore si différents les uns des autres. Les cyniques invitent au voyage, au départ, à la découverte de l'inconnu, à la découverte de sa liberté, à la découverte de l'indépendance et de l'autarcie. Ces découvertes ont, bien sûr, une fin, un *telos*, et en premier lieu celui, une fois encore, de se découvrir soi-même.

Agnosticisme convaincu

L'exercice spirituel, comme nous l'avons défini, est propre à l'homme et donc émancipé de toute transcendance, de toute religion. Il est d'autant plus probant dans la philosophie cynique que celle-ci dénonce les dévotions, les superstitions et toute la moralité qui peut en découler. Pour les cyniques, il n'y a pas une divinité créatrice de l'univers, il n'y a pas de transcendance à laquelle il faudrait se référer. Cette position cynique, que l'on peut qualifier d'agnostique puisque le divin existe peut-être, mais peut-être pas, est conforme à la quête du bonheur. En effet, l'existence de divinités ferait dans le même temps émerger la crainte que l'on pourrait en avoir, et cela serait nuisible au bonheur.

Si le peuple prie les dieux, c'est pour s'assurer d'un monde meilleur après la mort. Le cynisme renvoie les religions aux fables comme les mythologies et autres agapes religieuses, dont l'objectif n'est qu'une exploitation de l'ignorance des pauvres gens, des incultes. À celui qui effectuait des aspersions rituelles, Diogène lança : « *Malheureux, ignores-tu une chose ? Pas plus que de tes fautes de grammaire, ce n'est pas en t'aspergeant que tu vas te débarrasser de tes fautes de conduite.* »

S'il doit y avoir bonheur pour les cyniques, il n'est envisageable qu'à travers une volonté de l'homme, un comportement de l'homme possédant pleinement ses moyens d'agir, de raisonner… Ce raisonnement est crucial pour Diogène et il faut sans cesse exercer sa raison sur le bonheur ou l'apathie, par exemple.

Retour à la nature

La philosophie cynique est une proposition au bonheur, qui se trouve, selon elle, dans la nature, et en cela elle s'oppose à la considération des opinions d'autrui. Cette volonté de raisonner devient une ascèse philosophique où la nature est l'enjeu majeur, l'opposant aux fastes de la civilisation. La nature est ce qui a permis l'éclosion de l'homme, et avec peu de moyens de le développer. À quoi bon aller rechercher en dehors de la nature ce qu'elle-même nous a offert pour nous développer ?, nous disent les cyniques. Nos besoins sont faibles et les ressources qu'offre la nature sont amplement suffisantes pour vivre ; il s'agit de rester auprès de ce qu'elle a décidé. Cela explique pourquoi Diogène mangeait exclusivement les aliments crus. Il rejetait le cuit pour marquer son opposition à la civilisation et un certain respect de la nature originelle.

Tout ce qui n'est pas nécessaire pour vivre, comme le luxe et les richesses, n'est que corruption de la nature pour servir des fins inutiles et nuisibles à l'homme. C'est une opposition à la nature et, de fait, il n'est pas étonnant que des effets néfastes considérables soient produits.

Méthodologie et philosophie cynique

Il n'y a pas que Platon qui jugeait que Diogène était un Socrate tombé dans la folie. Face aux provocations, aux aboiements des « chiens cyniques », toutes les philosophies qui lui étaient contemporaines voyaient dans le cynisme farces, bouffonneries et clowneries. Il faut avouer que cette philosophie mordante ne faisait pas dans la demi-mesure. Diogène n'hésitait pas, pour réveiller les esprits englués dans les conventions sociales, à traîner derrière lui un hareng en pleine ville, à s'exhiber faisant l'amour, à se masturber sur la place publique. Ces actes, cette méthode n'est pas innocente pour le cynique ; il s'agit d'abandonner les fausses pudeurs, les faux respects d'autrui pour, enfin, pouvoir philosopher convenablement. Il ne s'agit aucunement de provocations gratuites ; il s'agit de provoquer pour démontrer à quel point nos conventions sont ancrées dans des habitudes, dont on ne se demande plus si elles sont légitimes, utiles...

Ce comportement provocateur à usage d'« éveil des esprits » n'était donc pas de la folie. Bien au contraire, Diogène avait parfaitement conscience de la difficulté de réaliser ce type d'actions ; il savait simplement que plus il serait provocant, plus son propos allait être entendu. C'est un travail sur soi, sur son raisonnement que d'aller provoquer à bon escient pour qu'une vingtaine de siècles plus tard ces anecdotes soient rapportées. Lorsqu'on lit dans l'ouvrage de Laërce que Diogène se roulait dans le sable brûlant l'été et embrassait les statues couvertes de neige l'hiver, il faut savoir qu'il n'agissait là pas uniquement par défiance ; c'était pour montrer une certaine façon de s'endurcir. Ces attitudes révèlent que la philosophie cynique prend le contre-pied de toutes les philosophies en s'opposant à toute philosophie systématique, elles montrent aussi que la philosophie cynique est accessible à tous, sans savoir ni instruction. Elle s'ouvre à ceux qui ont mauvaise réputation, à la pauvreté, à toutes les classes sociales. À travers le cynisme, la philosophie se perd en même temps qu'elle trouve de nouveaux points d'ancrage. C'est une mise à bas des concepts philosophiques, intellectuels, pour l'émergence d'une philosophie en acte sur des bases nouvelles dévoilant la nature telle qu'elle nous a faits.

Dans le cynisme, on retrouve, bien sûr, de nombreux accents du dialogue comme exercice spirituel. Cela est dû, d'une part, au fait qu'il n'y a pas réellement d'écrits, de concepts élaborés pour être transmis et diffusés par les textes. D'autre part, que ce soit chez Antisthène ou Diogène, il y a une volonté de transmettre la philosophie par les actes et la parole — que ce soit au mausolée du chien comme sur les places publiques, où Diogène se met en scène pour éveiller les esprits en les interpellant par des gestes comme par des paroles. Le dialogue s'effectue donc entre maître et disciples, mais aussi, comme chez Socrate, avec les Athéniens ordinaires.

Il s'agit en outre de noter la forte nécessité de dialoguer avec soi-même, ce qui peut se faire grâce à la volonté qui conduit à l'ascèse, laquelle est capitale pour les cyniques. Cette ascèse se produit par le dialogue entre soi et soi. Lorsqu'un jour on demanda à Diogène comment on pouvait devenir maître de soi, il répondit : « *En se reprochant à soi-même ce que l'on reproche aux autres.* » Cette position est corroborée par le fondateur du cynisme Antisthène, à qui on demanda quel résultat il avait tiré de la philosophie. « *Être capable de vivre en compagnie de soi-même* », répondit-il.

Disciples du cynisme et néocynisme

Les disciples du cynisme, qu'ils le soient d'Antisthène ou de Diogène, furent nombreux. Les premiers d'entre eux étaient

Cratès de Thèbes et sa femme Hipparchia, Métroclès de Maronée, Monime de Syracuse, Ménédème, Ménippe de Gadara, Bion de Borysthène et Cerdidas de Mégalopolis. Ces deux derniers ont fortement contribué à l'émergence du cynisme en dehors des frontières athéniennes.

Au-delà des disciples proches, le cynisme est un courant philosophique dont la portée est considérable, que ce soit à l'époque impériale comme à l'époque moderne. L'époque impériale est particulièrement intéressante dans sa puissance populaire, puisque c'est à ce moment que le cynisme est repris dans les couches sociales les plus défavorisées. Même si un cynisme intellectuel émergera, par exemple chez Oenomaos, c'est bien chez les pauvres, les esclaves, les thètes et les ouvriers que la « philosophie du chien » prendra son sens le plus important.

À l'époque moderne, nous retrouverons Diogène et les cyniques dans *Les Essais*[1] de Montaigne par exemple, mais aussi chez Diderot dans *Le Neveu de Rameau*[2], ou encore chez Rousseau, grand pourfendeur de la nature que nous verrons ; et, d'ailleurs, ainsi que Platon insultait Diogène sous le spectre de Socrate, Voltaire insultera Rousseau, l'affublant de « *Diogène sans lanterne* ».

Témoignages et citations

Durant notre parcours, nous avons vu qu'il existe un certain nombre de principes cyniques auxquels se référer pour constituer un exercice spirituel : « faire le chien », car c'est le meilleur moyen de faire rapidement de la philosophie ; rechercher la nature au plus près ; fuir les plaisirs vains et matériels ; travailler à la maîtrise des passions ; savoir se contenter de peu en mangeant ce qui est nécessaire, en buvant de l'eau et en s'habillant du strict minimum.

---

1. Michel de Montaigne, *Les Essais*, Arléa, 2002.
2. Denis Diderot, *Le Neveu de Rameau*, J'ai lu, 2002.

Au-delà de ces principes, et en plus des quelques citations que nous avons proposées ci-dessus, il nous semble intéressant de nous arrêter sur d'autres phrases, sentences prodiguées par Diogène. Derrière celles-ci, il ne faut pas voir simplement le bon mot ou l'humour, même s'il y en a souvent, mais déceler la pensée constituée, comme souvent dans les citations. Et au préalable, il nous semble utile de préciser l'intérêt des citations.

Du bon usage des citations

La philosophie est parfois résumée à quelques connaissances de situations ou d'anecdotes « philosophiques », ou à propos des philosophes. Il va sans dire qu'apprendre une citation sans bien comprendre la philosophie qui s'y rapporte est comme savoir qu'il y a un œuf dans un gâteau sans pour autant connaître le reste de la recette. L'utilisation d'anecdotes et de citations est toujours risquée car il y a toujours la possibilité d'une mauvaise utilisation, d'un contresens.

L'objectif du regroupement des citations et anecdotes de Diogène ci-dessous n'est pas de les apprendre par cœur pour les ressortir sans réflexion ni contextualisation. En effet, l'objectif n'est pas l'acquisition d'une connaissance pour avoir le bon mot, pour avoir une quelconque brillance mondaine ; cela serait tout à fait contraire à la pensée des cyniques et montrerait uniquement une mécompréhension de leur philosophie. L'intérêt réside dans l'apprentissage de ces phrases pour soi, un « par cœur » pour soi, dans l'objectif de s'en souvenir le cas échéant, en cas de besoin, comme tout exercice spirituel. Au même titre que le *tetrapharmakos* épicurien et que les principes cyniques que nous venons de voir, ces petites phrases aident à mieux être, à mieux vivre dans le quotidien, face aux obstacles rencontrés, à prendre une certaine hauteur face à la vie et ce qui nous entoure.

Soulevons un dernier risque, celui qu'au-delà du contresens, elles soient décontextualisées ou interprétées de façon approximative. L'ensemble des aphorismes suivants, vous le verrez maintenant que vous êtes familier avec cette philosophie, s'inscrit dans la droite ligne de la philosophie cynique, de sa proposition de vie.

Citations de Diogène de Sinope[1]

« *Les hommes pervers obéissent à leurs désirs comme les serviteurs à leurs maîtres.* »

Diogène entrait systématiquement au théâtre par le côté d'où l'on sort. Quand on lui demanda pourquoi, il répondit : « *C'est ce que je me suis efforcé de faire toute ma vie.* »

Diogène fréquentait régulièrement les lieux qui pouvaient ressembler à des maisons closes. Alors qu'on lui reprocha ses visites dans ces endroits infâmes, il répondit que « *le soleil pénètre bien dans les latrines sans en être souillé !* »

À la question : « *Pourquoi les gens donnent-ils aux mendiants et non aux philosophes ?* », Diogène répondit : « *Les gens s'attendent un jour à devenir boiteux ou aveugles, mais jamais à devenir philosophes !* »

« *Qu'apprendras-tu à ton enfant ?* », lui demanda-t-on un jour. « *Je lui apprendrai la philosophie s'il doit vivre en compagnie des dieux, mais je lui apprendrai la rhétorique s'il doit vivre parmi les hommes.* »

Certains prétendaient que vivre est un mal. Diogène répliqua : « *Non pas vivre, mais mal vivre.* »

Diogène était interrogé sur quelles étaient les bêtes les plus féroces. Il répondit que « *dans les montagnes ce sont les ours et les lions ; dans les villes, les officiers du fisc et les sycophantes* ».

Alors qu'un jour il se masturbait pour assouvir une envie sexuelle, il se dit : « *Ah ! si seulement on pouvait apaiser sa faim en se frottant ainsi l'estomac !* »

---

1. Diogène Laërce, « *Vie, doctrines et sentences des philosophes illustres* », *op. cit.*

Toujours à la recherche de la frugalité et de l'ascèse extrême, il vit un jour un garçon en train de boire de l'eau dans ses mains. Il sortit son gobelet de son sac et s'écria : « *Ce gamin m'a dépassé en frugalité.* » Il se débarrassa de son écuelle également.

« *Les amoureux échouent dans leur recherche du plaisir ou se rendent malheureux en vue du même plaisir.* »

« *Le mariage n'est rien d'autre que l'union d'un homme et d'une femme au gré du bon vouloir de l'un et du consentement de l'autre.* »

Pour Diogène, sans la loi, « *la société ne peut exister ; car, sans une cité organisée, la civilisation ne sert à rien : donc la civilisation est liée à la cité ; or, sans la loi, la cité n'est bonne à rien ; donc la civilisation est liée à la loi* ».

La célèbre expression « *tout est dans tout et partout* » provient de Diogène, même si elle a été reprise et parfois même mal interprétée. Diogène est un matérialiste, et c'est en ce sens qu'il faut uniquement voir cette expression. « *En accord avec la saine raison, on peut dire que tout est dans tout et partout : dans le pain, il y a de la viande, dans les légumes il y a du pain, et tous les autres corps, par le truchement de pores et de particules invisibles, pénètrent en tout et s'unissent à tout sous forme de vapeur.* »

« *Est digne d'envie celui qui a eu du succès avec ses enfants et qui n'a eu à déplorer aucun accident notoire.* »

La philosophie antique au fondement des exercices spirituels

Engagement et prémisse de l'Apprentissage de soi

Le parcours que nous venons d'effectuer pose les fondamentaux de ce que sont les exercices spirituels. Le moment inaugural a tout d'abord été la définition et la compréhension des termes en présence, où nous avons vu qu'exercice spirituel signifie « travail sur le rapport à l'âme », « apprentissage » de celle-ci, mais de manière immanente pour l'individu.

Les quatre axes que nous avons choisi de suivre pour observer comment voient le jour ces exercices spirituels – les stoïciens, les épicuriens, Socrate et les cyniques – sont représentatifs de la philosophie antique, même s'ils ne sont pas exclusifs puisque toute la philosophie, à cette époque, se constitue en quelque sorte comme un exercice spirituel afin de mieux vivre, d'atteindre un bonheur ou de provoquer l'ataraxie.

Pour terminer sur les philosophes antiques et nous permettre de synthétiser, attardons-nous quelques instants sur le néoplatonisme, qui nous donne de nouveau une idée de ce que peut être la notion d'apprentissage des exercices spirituels, notion que nous approfondirons dans la dernière partie.

Le disciple du néoplatonicien Plotin, Porphyre, a montré de façon singulière le progrès spirituel qu'il faut atteindre par la pratique tel que cela lui a été enseigné par son maître : purification de l'âme par le détachement du corps, connaissance et dépassement du monde sensible pour tendre vers l'Un. Cet apprentissage de Plotin semble un peu obscur à la première lecture, mais il offre dans ses célèbres *Ennéades* une allégorie éclairante avec le métier de sculpteur : « *Fais,* dit-il, *comme le sculpteur d'une statue qui doit devenir belle : il enlève ceci, il gratte cela, il rend tel endroit lisse, il nettoie tel autre.* »[1] La statue existe en puissance dans le bloc de marbre, il suffit de le travailler pour qu'il devienne ce qu'il est. Le bloc est cisaillé, découpé, frappé, trituré dans tous les sens pour pouvoir obtenir la forme idéale. C'est en ces termes que Plotin considère les exercices spirituels ; il estime ainsi que l'âme, l'esprit doit être aussi travaillé pour se parfaire et connaître l'Un, qui est, selon lui, le principe de toutes choses. L'âme devra être travaillée à

---

1. Plotin, *Traités*, Flamarion, 2002.

l'aide des outils que nous avons vus, à l'aide de techniques, de méthodes, d'exercices spirituels.

L'objectif recherché chez Porphyre, comme dans toutes les écoles, est l'amélioration de soi ; toutes considèrent qu'un homme, avant une certaine conversion philosophique, se trouve dans un état soucieux et malheureux lié aux passions, qu'il n'est pas lui-même, et que cet apprentissage des exercices spirituels et leur pratique lui permettront de retrouver ou d'accéder à la sagesse.

La conversion philosophique

Cette utilisation du terme « conversion » pour évoquer la philosophie antique est de Pierre Hadot. Il montre ainsi qu'il y a un passage d'une vie soucieuse, anxieuse à une vie où l'homme devient maître de soi, de sa conscience de soi et de sa place dans le monde.

L'étymologie de conversion, *conversio*, a deux sens en grec ; d'une part, cela signifie un « changement d'orientation », impliquant l'idée d'un retour à soi et, d'autre part, un « changement de pensée », impliquant alors l'idée d'une mutation et d'une renaissance.

La conversion philosophique est d'abord intimement liée à la conversion politique telle que pouvait l'imaginer Platon, et à sa volonté de changer la cité en transformant les hommes. Seul le philosophe est capable de transformer les hommes, car il est lui-même converti. Il a réussi à détourner son regard des ombres du monde sensible pour se tourner vers le Bien. La théorie de Platon est qu'en laissant gouverner la cité par les philosophes, ils convertiront la cité à l'idée du Bien. Cette idée platonicienne se retrouve moins chez les stoïciens et les épicuriens, dont la volonté est essentiellement dans la conversion des individus plus que de la cité. Mais dans tous les cas, la philosophie devient un acte de conversion, provoquée à l'endroit de l'âme par un philosophe. Cette conversion s'effectue en changeant de façon radicale sa manière de vivre, que ce soit au niveau vestimentaire, alimentaire, moral…

La conversion est souvent entendue comme un acte religieux, revêtant un aspect radical et totalitaire, et on pourrait confondre celle-ci avec la conversion philosophique. Cependant, la conversion religieuse est orientée dans la foi exclusive et salvatrice en Dieu, dans la repentance avant le jugement suprême. La conversion philosophique, dans l'Antiquité, était simplement une conversion dans le sens d'un retour à soi, à son essence, mettant en exergue la seule transcendance possible : soi. Comme le rappelle Pierre Hadot : « *Le philosophe considère que la seule transformation de l'homme est la conversion philosophique.* »

Nous avons vu que, dans chacune des écoles philosophiques antiques, cette conversion était présente pour passer d'un état à l'autre, du mal-être au bien-être, de l'angoisse à la sérénité, de la crainte à la maîtrise. Cette conversion s'effectuait selon des méthodes, des techniques, que ce soit le *tetrapharmakos* épicurien, le dialogue socratique, l'injonction de se connaître soi-même, la différence entre ce qui dépend et ce qui ne dépend pas de soi, etc. C'est à l'occasion de ces conversions qu'officient les différents exercices spirituels. C'est eux qui permettent la transformation de soi et la possibilité, ainsi, de se mouvoir dans un monde qui n'est plus tout à fait identique, puisqu'il est désormais « converti ».

Synthèse des propositions antiques

Comme nous venons de le préciser, l'ensemble de la philosophie antique est exercice spirituel. Toutefois, et pour conclure cette deuxième partie, nous vous proposons de synthétiser les grandes caractéristiques des philosophies que nous venons de parcourir au sein d'un tableau. L'objectif de ce rassemblement un peu académique est de permettre de commencer à se constituer sa propre boîte à outils selon la philosophie qui va nous être la plus proche.

	L'école stoïcienne	La philosophie épicurienne	La pensée socratique	Les cyniques
Philosophes référents	Zénon de Citium Sénèque Épictète Marc Aurèle	Épicure Diogène d'Oenoanda	Socrate	Antisthène Diogène de Sinope
Thèses défendues	L'individu doit maîtriser ses passions qui sont nuisibles à son âme et accepter tout ce qui arrive comme conforme à un ordre universel. L'âme doit être forgée selon trois axes : la connaissance, la recherche de la sagesse, la vie heureuse. Avoir chaque jour la mort devant les yeux pour l'apprivoiser, ne pas la craindre et se rappeler que nous allons mourir.	Vivre du mieux possible, selon un certain Bien, à la recherche de la vie heureuse. La vie est fondée sur le plaisir et l'évitement des déplaisirs par l'ataraxie. Il y a un lien naturel entre bonheur et philosophie. La philosophie est une thérapie destinée à soigner l'âme de l'homme. La mort n'existe pas puisqu'elle n'est pas là tant que nous sommes en vie, et qu'une fois que nous sommes morts, elle n'est plus là. Toute la nature est physique, matérielle, sans aucun lien avec une transcendance, tout est immanent.	Dans toute chose, il faut de la modération, il faut éviter tout excès. Peu de chose suffit pour bien vivre. La maïeutique permet de montrer aux gens de basses classes qu'ils savent suffisamment de choses pour être heureux et aux « savants » de remettre en question leurs prétendus savoirs. L'investigation à mener concerne la vérité, le Bien, la vertu dans la visée de devenir ce pour quoi nous sommes.	La vertu, source de bonheur, est universelle et peut être apprise par tous les individus. Pour cela, il s'agit de remettre en cause les traditions et les conventions sociales. Quand il est correctement utilisé, l'effort est un Bien car, tout comme la volonté, cela permet d'acquérir l'endurance, la maîtrise de soi, l'indifférence aux choses secondaires. Les plaisirs comme les passions sont trompeurs, nuisibles et éphémères. L'accès à l'indifférence des plaisirs et à la lutte des passions s'opère grâce à l'ascèse psychique et l'ascèse corporelle.

92

	L'école stoïcienne	La philosophie épicurienne	La pensée socratique	Les cyniques
Méthodes et principes à retenir	Certaines choses dépendent de nous, et d'autres ne dépendent pas de nous. Il n'y a pas de philosophie sans vertu, et pas de vertu sans philosophie.	Il ne faut subvenir qu'aux désirs naturels et nécessaires pour vivre heureux ; cela s'oppose aux désirs naturels et non nécessaires, et aux désirs non naturels et non nécessaires. *Tetrapharmakos*, le quadruple remède : les dieux ne sont pas à craindre, la mort ne donne pas de souci, le plaisir est facile à obtenir et la douleur, facile à supporter.	La maïeutique montre que le savoir n'est pas une construction solipsiste, mais une coconstruction. L'ironie est à la fois une dissimulation et une posture psychologique permettant de se mettre dans une situation de naïveté et d'étonnement qui rend possible la déconstruction des *a priori*, des convictions fausses. L'objectif du dialogue n'est pas tant dans le résultat que dans le cheminement effectué par les protagonistes. Cela peut tout autant être un dialogue entre soi et soi.	La vie heureuse est atteignable sous couvert d'une ascèse personnelle et d'une volonté de combattre l'inutilité des passions. L'ordre établi n'est pas, de fait, une vérité, et il s'agit de remettre en cause les vieilles habitudes et les traditions lorsqu'elles sont contestables sous l'égide de la raison. Fortune, pouvoir, propriété sont les éléments à manier avec prudence pour s'assurer une vie limitant les soucis. Faire fonctionner sa raison est la voie pour se maîtriser.
Citations emblématiques de la pensée	*« Il faut sans cesse étudier la philosophie. »* Sénèque *« Supporte les maux et abstiens-toi des biens. »* Épictète *« Dès l'aurore, dis-toi à l'avance que tu rencontreras un indiscret, un ingrat, un insolent, un fourbe, un égoïste, un menteur. »* Marc Aurèle	*« Que personne, parce qu'il est jeune, ne tarde à philosopher, ni parce qu'il est vieux, ne se lasse de philosopher ; car personne n'entreprend ni trop tôt ni trop tard de garantir la santé de l'âme. »* Épicure	*« Connais-toi toi-même »*, reprend Socrate de l'inscription delphique. *« Je ne sais qu'une chose, c'est que je ne sais rien. »* Socrate	*« Les hommes de bien devront façonner leur corps par la gymnastique et leur esprit par le raisonnement. »* Antisthène *« Être capable de vivre en compagnie de soi-même. »* Antisthène *« les choses nécessaires coûtent peu, les choses superflues coûtent cher. »* Diogène *« Il faut de la raison ou la corde. »* Diogène

Chapitre 3

La pratique des exercices spirituels par-delà l'Antiquité

À la recherche d'exercices spirituels contemporains

La philosophie antique est constituée de véritables monuments des exercices spirituels, de Socrate à Marc Aurèle, d'Épictète à Sénèque, d'Épicure aux cyniques, et ainsi de suite… Toute la philosophie des Anciens est colorée d'exercices spirituels destinés à aider l'homme à mieux vivre, à mieux être, à jouir de ce qu'il vit plutôt que de vivre de ses passions finalement jamais assouvies. Même si les écoles et les méthodes pour y parvenir sont différentes, toutes ont le souci de l'homme et de son bien-être. Toutes vont mettre en exergue l'homme et sa sérénité, l'homme au sein d'une harmonie lui permettant de vivre avec la conscience que la vie est courte et que le temps à vivre est mince, avec la conscience des maux, des douleurs et des obstacles du quotidien qu'il s'agit de surmonter.

La question que l'on est en droit de se poser est : pourquoi cette période de la philosophie, longue de plusieurs siècles, s'est-elle focalisée essentiellement – mais pas seulement, loin s'en faut – sur les exercices spirituels ? Mais aussi et surtout :

que se passe-t-il dans la philosophie qui suit cette période ? Que se passe-t-il chez les classiques, les modernes, les contemporains ? Pourquoi ne parle-t-on plus, en quelque sorte, d'exercices spirituels, si ce n'est chez Loyola ? C'est comme si le besoin n'était plus présent en l'homme, comme si pendant des siècles l'être humain avait eu besoin d'exercer son âme, de la travailler pour mieux vivre, et qu'à partir d'une période il n'y avait plus cette nécessité.

Même si des techniques, des connaissances, des mécanismes ont émergé, se substituant éventuellement au rôle des exercices spirituels, à l'instar de la psychologie par exemple, il va sans dire que le besoin d'exercices spirituels pour mieux vivre est toujours présent et n'a jamais véritablement cessé d'être appréhendé par la philosophie, y compris au sein de la philosophie contemporaine. Cependant les formes philosophiques sont différentes, à la fois plus complètes et plus complexes, et le « traitement » des exercices spirituels dans ces philosophies s'effectue sans aucun doute, mais d'une manière singulière, à travers des concepts, des méthodes de travail, des propositions différentes des méthodes antiques. Il s'agit donc de les décortiquer, de les déconstruire parfois pour y lire un exercice spirituel qui fait sens avec celui des philosophes de l'Antiquité.

Dans cette troisième partie, nous allons continuer à voyager à travers les âges philosophiques en articulant différentes philosophies. Nous nous arrêterons sur celles des époques classique, moderne, et contemporaine afin de dégager une vision plus « récente » des exercices spirituels. C'est pourquoi nous ferons se rencontrer des philosophes aussi différents que Montaigne, Foucault, Descartes, Husserl ou encore Thoreau. Parfois ces philosophes vont cohabiter sous un concept commun qui permettra non seulement d'identifier leur philosophie, mais également de jauger leurs applications.

© Groupe Eyrolles

Introduction à Michel de Montaigne et Michel Foucault, une existence philosophique

Le rapprochement de ces deux premiers philosophes semble particulièrement intéressant pour effectuer la transition entre la philosophie antique et la philosophie contemporaine. Même si les deux sont séparés de plusieurs siècles, ils ont caractérisé de la même façon la philosophie. Ils l'ont pensée non pas en étant extérieurs à elle, mais en étant véritablement incorporés à elle. Autrement dit, ils ne sont pas « penseurs », mais « dans la pensée ». Leur vie, leurs actes, leur quotidien sont articulés dans une démarche philosophique permanente.

Même en étant magistrat et maire de Bordeaux pour l'un, même en étant fondateur du groupe Information prison et du Comité d'action prison pour l'autre, ils ont mené en parallèle une vie et une pensée philosophique qui s'incorporent aux missions qu'ils ont exercées.

Michel de Montaigne, mondain et spirituel

Parmi l'ensemble des philosophes que nous parcourrons, Michel de Montaigne est peut-être celui qui semble le plus éloigné des exercices spirituels. Non seulement il n'a pas créé de systèmes, de concepts, de théories philosophiques, mais il n'a pas non plus appelé clairement à un mieux-vivre, un mieux-être, à trouver une voie pour travailler sur l'âme et l'esprit.

Sa présence ici n'en est pas moins importante, car ce qui nous importe n'est pas tant une théorie qu'une pratique, et par ailleurs une recherche, un regard sur une façon de vivre et d'être qui permet le travail sur l'âme, afin d'accéder à un mieux-vivre.

Montaigne est tout à fait dans cette proposition. Influencé par de nombreux auteurs de la philosophie antique, il montre, en tant qu'homme plus qu'en tant que philosophe, les axes fondamentaux permettant d'accéder à une vie sereine. C'est, par exemple, à travers ses considérations sur l'amitié, le voyage, l'appréhension de la mort… que nous pouvons retrouver pas tant un exercice spirituel qu'une vie philosophique. Magistrat, grand voyageur, noble, écrivain, père de famille, châtelain : Montaigne est tout cela à la fois. *Les Essais*[1], qu'il rédige sur une période de vingt années, sont le témoignage d'une vie philosophique. Ce monument est l'occasion d'exercer son esprit, son âme, sa spiritualité. Au fil des pages, Montaigne montre de la façon la plus simple ce qu'est le bon sens pour vivre.

Une enfance protégée

Le père de Michel de Montaigne, Pierre Eyquem, n'est pas né noble, mais l'est devenu en acquérant le château de Montaigne qui se trouve très exactement à la limite de la Dordogne et de la Gironde. Il sait ce qu'est l'ascension sociale. Fils d'un simple négociant, il fera fortune – mettant sa famille à l'abri du besoin – et accédera à des fonctions publiques, notamment celle de maire de Bordeaux. Homme érudit, passionné des textes anciens, Pierre Eyquem façonne sur mesure l'éducation de son fils qui naît en 1533. Il décide tout d'abord que celui-ci apprendra comme première langue le latin. Ce désir contraint l'ensemble du château où est élevé l'enfant à parler latin, ne fût-ce que quelques mots. Le père, la mère, les valets, les paysans qui y travaillent, les artisans ; tous doivent connaître quelques rudiments de latin pour travailler au château, au cas où ils croiseraient celui qui s'appelle encore à ce moment Michel Eyquem. Ce dernier, par souci d'harmonie et de douceur, est

---

1. Michel de Montaigne, *Les Essais*, *op. cit.*

fait réveiller chaque matin par un joueur d'épinette que son père a engagé. Notons que ce n'est pas pour en « fabriquer » un génie que le père agit ainsi, mais par amour démesuré pour son fils.

Cet environnement protégé n'est pas éternel, et à sept ans il est envoyé dans le collège de Guyenne à Bordeaux, l'un des meilleurs établissements de la région. Le changement est douloureux. Il souffre autant de ce nouvel environnement que de l'apprentissage qui y est dispensé. Il en perd son latin, tant le niveau n'est pas celui qu'il a pu acquérir au château. Le répétiteur qu'il voit régulièrement, payé par son père, lui permet de maintenir un certain niveau et de prolonger son éducation des textes anciens avec l'étude d'Ovide, de Plaute… Nous savons peu de chose sur ce qu'il fit ensuite. Il semble avoir suivi des cours sur les humanistes et fait du droit, puisqu'il entre dans l'institution judiciaire en charge de l'application des ordonnances du roi.

Le début de la vie active de Montaigne est calme, paisible, parfois à la limite de l'ennui. Un ennui qui sera balayé par sa rencontre décisive avec Étienne de La Boétie. C'est par hasard que la rencontre a lieu, à l'occasion d'une grande fête en ville en 1558. La Boétie, de quelques années l'aîné de Montaigne, est à ce moment conseiller du parlement de Bordeaux. Lorsqu'ils se voient pour la première fois, ils ont déjà entendu parler l'un de l'autre. Leur rencontre relève véritablement du coup de foudre, à ce qu'en rapporte Montaigne : « *Dès ce moment, rien ne nous fut si proche que l'un à l'autre.* »

Montaigne projette instinctivement en La Boétie toute son enfance, toute son érudition, et l'amitié est aussi soudaine qu'intense. Étienne de La Boétie, brillant lettré, licencié en droit, qui passe certains de ses loisirs à traduire des textes de Plutarque et Xénophon, n'en est pas moins séduit par la culture de ce nouvel ami. Cette puissante amitié ne dure que très peu de temps, deux années seulement, car la mort emporte

La Boétie, laissant Montaigne inconsolable. La Boétie prendra une place considérable dans *Les Essais*[1], notamment quand Montaigne aborde la notion d'amitié.

Il se marie à l'âge de trente-trois ans, léger moment de réconfort avant de souffrir de nouveau d'une nouvelle mort, celle de son père. Montaigne hérite du château et de la noblesse, et finit par abandonner le patronyme d'Eyquem pour prendre celui qu'on lui connaît : Montaigne, du nom de la terre où son domaine est installé. Dès ce moment, Montaigne n'a plus besoin de travailler, l'héritage est suffisamment conséquent pour vivre et faire vivre sa famille.

Le jour même de ses trente-huit ans, Montaigne prend une résolution décisive ; il démissionne de ses charges parlementaires, cesse toute affaire pour se retirer dans son château, auquel il se consacrera ainsi qu'à l'étude et la réflexion. Pour cette dernière activité, il se fait aménager au château une petite tour où se trouvent une chapelle, une chambre et une bibliothèque. Cette tour a l'avantage d'offrir une vue sur l'ensemble du château et l'extérieur de celui-ci, étant située juste à l'entrée du domaine ; cela permet à Montaigne de suivre les gens qu'il emploie tout en pouvant se consacrer à ses travaux méditatifs.

La bibliothèque est l'endroit névralgique de cette tour. Ainsi, dit-il : « *Je passe là et la plupart des jours de ma vie, et la plupart des heures du jour. Je n'y suis jamais la nuit. C'est là mon siège. J'essaie à m'en rendre la domination pure et à soustraire ce seul coin à la communauté, et conjugale, et filiale, et civile.* » Dans cette pièce se trouve un secrétaire qui note les réflexions de Montaigne, les songes qu'il dicte en se promenant. Pour garantir une atmosphère propice à l'écriture, à la réflexion, à la méditation, il fait peindre au plafond en noir sur fond blanc des phrases, des sentences, des citations, des aphorismes grecs ou latins tels que : « *Vivre de peu, mais à l'abri du mal* » de Théo-

---

1. *Ibid.*

gnis, dans *Stobée*[1] ; « *Parfaite autonomie : le plaisir vénérable* » de Sotadès, dans *Stobée*[2] ; « *J'attends* » de Sextus Empiricus ; « *Homme : argile* » d'Érasme ; « *Qui sait si ce qu'on appelle mort n'est pas vie, si vivre n'est pas mourir ?* » d'Euripide, dans *Stobée*[3] ; « *Ciel, terre, mer et toutes choses : un néant face au tout du tout de l'univers* » de Lucrèce. Au total, c'est plus d'une soixantaine d'inscriptions qui recouvriront le plafond de la bibliothèque de la tour, mais pas toutes en même temps ; Montaigne en faisait écrire certaines, pouvait en supprimer d'autres. Ces inscriptions montrent la forte filiation avec la philosophie antique qui revendiquait qu'il fallait toujours avoir sur soi, près de soi, les maximes qui nous aident à la réflexion et au mieux-vivre.

Montaigne va rester pendant dix années dans cette vie partiellement recluse. La lecture est sa principale occupation ainsi que la rédaction de textes sur des sujets des plus variés, s'appuyant parfois sur des citations lues, repérées dans les ouvrages de sa bibliothèque, d'autres fois sur des anecdotes qu'il commente et qu'il écrit de façon très éparse. Pour l'ensemble de ses réflexions, Montaigne fait appel à des sources très variées. Et même si la philosophie est souvent le fil rouge, de nombreuses citations des *Évangiles* sont présentes, tout comme de nombreux poètes ou historiens.

Au fur et à mesure de ses réflexions, de ses notes, qui finiront par constituer *Les Essais*[4], la méditation s'affine, s'aiguise pour bientôt développer une véritable méthodologie qui filera tout au long de l'ouvrage. La méthode employée commence par la présentation du thème, du sujet choisi, et par les lieux communs qui généralement s'y rapportent, que ce soit sur la mort, l'amitié, la cruauté, l'expérience, la gloire, par les juge-

---

1. Hermès Trismégiste, *Fragments de Stobée*, Les Belles Lettres, 2000.
2. *Ibid.*
3. *Ibid.*
4. Michel de Montaigne, *Les Essais, op. cit.*

ments et les idées préconçues. Puis, au travers de citations, il convoque quelques penseurs anciens qui permettent de remettre en cause les lieux communs. Avec les citations, « *Je ne dis les autres*, explique Montaigne, *sinon pour d'autant plus me dire* » ; c'est ainsi que, dans le dernier temps de sa méthode, il exprime plus personnellement et intimement sa propre pensée.

Les Essais[1] qui, rappelons-le, seront écrits sur deux décennies, n'ont pas d'ordre précis. Pour Montaigne, ce désordre est l'expression de sa liberté, et est également le reflet de la façon dont ont été écrits *Les Essais*[2]. Les cent sept textes qui composent *Les Essais*[3] traitent de thèmes variés, de longueurs différentes, de styles différents : ce sont parfois de simples notes à la suite d'une lecture, parfois quelques commentaires d'anecdotes relevées ici et là, parfois des textes purement philosophiques, d'inspiration stoïcienne, épicurienne ou sceptique pouvant traiter du suicide, de la mort, parfois encore des textes plus intimes traitant de la vanité, de la sexualité ou de l'expérience. Il avoue apprécier cette liberté de parler « *indifféremment de tout ce qui se présente à sa fantaisie* ». Ainsi, il peut rédiger un texte sur les cannibales et, l'instant suivant, s'intéresser aux ordonnances divines. Cette liberté de pensée, cette absence de structure ne faisant qu'ajouter à la confusion des *Essais*[4], pris dans leur totalité.

Voyager pour se découvrir

Après avoir vécu quasiment en autarcie pendant dix années dans sa tour du petit village de Montaigne, celui qui sera maire de Bordeaux se lasse de cette vie coupée du monde. Il est temps pour lui de revivre, de se déraciner du château ; il décide de partir en voyage. Le voyage qu'il entreprend durera deux

---

1. *Ibid.*
2. *Ibid.*
3. *Ibid.*
4. *Ibid.*

années où il sera éloigné de sa femme, de son château, de son pays mais se rapprochera de lui-même. Le voyage n'a ni but ni plan précis. C'est le plaisir du voyage qui le conduit à faire ses bagages le 22 juin 1580, accompagné néanmoins de quelques compagnons.

Montaigne commence par rejoindre la cour d'Henri III à qui il présente ses *Essais*[1]. Ce passage à la cour royale va constituer le véritable point de départ du voyage. Au XVIe siècle, les voyages sont ponctués de nombreuses escales et les grandes étapes qu'il rapporte dans son journal sont celles de plusieurs jours, parfois plusieurs semaines. La première étape significative est aux bains de Plombières, où il en profite pour soigner ses problèmes de calculs rénaux. Il prend ensuite la route pour Bâle, suivie de Schaffhouse, Constance, Augsbourg et enchaînera Munich, le Tyrol, Vérone, Vicence, Padoue, Venise, Ferrare, Bologne, Florence, Rome…

Le voyage, c'est se laisser porter par la vie, la vivre telle qu'elle vient, et c'est ce qui plaît à Montaigne. Il explique vouloir rencontrer toutes sortes de vies, toutes sortes d'aventures, et toutes l'intéressent, y compris les plus banales. Les mauvaises auberges ne le dérangent pas, mais au contraire l'amusent, et il se contente souvent de ne devoir partir pour la journée qu'avec un seul morceau de pain en guise de repas. Le voyage est l'occasion d'essayer toutes les formes de transport possibles. Il prend place tantôt dans une chaise à porteurs, tantôt à cheval, d'autres fois en « voiture » ; chaque mode de déplacement est rapporté comme une curiosité.

Toutefois, ce que recherche Montaigne dans le voyage, c'est autrui. Il s'intéresse par-dessus tout à l'autre, aux étrangers. Sans jamais porter son attention sur les différences sociales, son voyage le conduit à rencontrer ducs, pasteurs, calvinistes et même le pape. Ce mélange d'aventures, d'expériences et de

---

1. *Ibid.*

rencontres s'achèvera alors que Montaigne est en cure à Lucques. Il y reçoit une missive lui indiquant qu'il vient d'être élu maire de Bordeaux. Tandis que Montaigne cherchait à fuir les affaires publiques, celles-ci se rappellent à lui.

Pour Montaigne, « *le voyage devient un art de la vie* », ainsi que le précise Stefan Zweig dans *Montaigne*[1]. Le voyage est en effet un exercice profitable car l'âme est en perpétuel mouvement : elle regarde des choses jusqu'alors inconnues. Selon lui, il n'y a pas de meilleure école pour se former à la vie que de proposer à l'âme en permanence la diversité, la variété des autres populations, des autres coutumes et traditions. Il se fait « citoyen du monde », comme Diogène de Sinope déclarait l'être en son temps.

Sans projet, trajet ni durée prédéfinis, Montaigne se laisse porter par son voyage. Il ne veut pas savoir ce qu'il va découvrir. Bien au contraire, il exprime à qui veut l'entendre qu'il ne sait pas très bien ce qu'il va chercher à l'étranger. Il avoue cependant une seule chose, c'est que le voyage lui permet de se « *trouver soi-même* ».

L'amitié, un échange spirituel entre deux individus

L'amitié entre Montaigne et La Boétie est si fondamentale qu'il est nécessaire de s'y arrêter et de comprendre ce qu'est une relation amicale, en quoi elle peut être associée, si ce n'est à un exercice spirituel, du moins à une sensation spirituelle entre deux êtres.

L'amitié entre ces deux personnages est aujourd'hui le parangon de l'amitié, une démonstration exemplaire de ce qu'est ou peut être l'amitié. Une amitié si intense, si dense, qu'elle ne peut être explicitée de façon nette, tant les enjeux entre les deux hommes relèvent de l'affect et de la passion l'un envers l'autre. Sans leur propre regard sur leur relation, celle-ci

---

1. Stefan Zweig, *Montaigne*, PUF, 2004.

aurait été qualifiée d'« amour platonique », un amour qui ne se consomme pas. Dans ce cas, l'échange entre les deux êtres suffit à parler d'amour. Cependant, et c'est ici ce qui est majeur, ils parlent l'un et l'autre de l'« amitié » qu'ils sont en train de vivre. Montaigne et La Boétie ont une amitié réciproque et, dans le même temps, ils qualifient, explicitent autant que possible l'amitié qu'ils éprouvent. Les deux hommes donnent le ton de ce qu'est une relation amicale tout en la mettant en œuvre, indépendamment de leur volonté puisque ce sont les sentiments qui la conduisent.

La relation qu'ils vivent l'un et l'autre, la réciprocité les invite en effet à théoriser, à s'exprimer sur l'amitié, à soulever l'importance que cette notion requiert dans les relations à autrui comme à soi-même. La Boétie – dans son livre majeur, *Discours de la servitude volontaire*[1] – va jusqu'à exposer que l'amitié est une « *chose sainte* », qu'elle n'est pas donnée à tout le monde et qu'elle ne peut seulement exister « *qu'entre les gens de bien* ». Ce point est important car il montre que l'amitié n'est pas une universalité, qu'avoir un ami n'est pas naturel, qu'il faut être pourvu de certaines qualités, d'une certaine intelligence, d'une certaine raison pour pouvoir « pratiquer » l'amitié. Pour l'ami de Montaigne, prétendre à l'amitié, c'est nécessairement avoir connaissance de ce qu'est la justice, la loyauté, la foi, la constance, l'intégrité… C'est grâce à ces dimensions que l'on reconnaît « *un ami assuré de l'autre, dit La Boétie, à la connaissance qu'il a de son intégrité : les répondants qu'il en a, c'est son bon naturel, la foi et la constance. Il ne peut y avoir d'amitié là où est la cruauté, là où est la déloyauté, là où est l'injustice.* »

Dans *Les Essais*[2], Montaigne consacre lui aussi un pan entier à cette amitié. Celle-ci était si grande et si profonde qu'en quelque sorte elle le dépassait lui-même. Ainsi que le dit Jean

---

1. Étienne de La Boétie, *Discours de la servitude volontaire*, Mille et une nuits, 1997.
2. Michel de Montaigne, *Les Essais*, op. cit.

Starobinski dans *Montaigne en mouvement*[1], La Boétie « *était le détenteur d'une vérité complète sur Montaigne, vérité que la conscience même de Montaigne n'avait su porter à un degré de plénitude comparable* ». L'ami, pour Montaigne, c'est à la fois lui-même qu'il côtoie, et un autre que lui qui l'éclaire sur sa propre conscience.

La relation d'amitié qu'ils vivent dépasse très largement la compréhension du sens que nous lui donnons aujourd'hui. Certes, les dimensions de respect, d'écoute semblent toujours être présentes, mais la puissance de la relation entre Montaigne et La Boétie singularise leur propre amitié d'une part, et par ailleurs influence, dans un sens plus large, la notion d'amitié en tant que telle. La relation amicale de Montaigne et La Boétie redéfinit en quelque sorte ce qu'est l'amitié.

L'amitié des deux philosophes révèle que celle-ci ne peut se vivre qu'entre deux personnes ; il y a une impossibilité totale à multiplier cette relation avec deux, trois ou quatre autres individus. Tel un couple, ils se donnent l'un à l'autre. Et s'ils ne se jurent pas fidélité, ils la mettent en œuvre, offrant à l'autre l'exclusivité des sentiments, des travaux, des pensées et des réflexions. On comprend alors la nécessité de l'exclusivité que l'on a envers celui que l'on considère comme « son ami ».

Cela montre également que la présence d'un ami n'est, non seulement pas obligatoire, mais pas forcément toujours possible. Un certain nombre de connaissances, de relations peuvent tout à fait suffire et peuvent même être importantes, mais tout le monde ne rencontre pas « son ami », comme d'ailleurs on ne rencontre pas nécessairement son conjoint. L'ami ne se décrète pas, le « meilleur » ami n'existe pas, il y a un ami ou pas d'ami. Autrement dit, c'est par la rencontre, la relation avec quelqu'un que l'on tombe amoureux ou que l'on peut tomber en amitié. Montaigne le sait très bien

---

1. Jean Starobinski, *Montaigne en mouvement*, Gallimard, 1993.

et reconnaît cette relation aussi exclusive qu'exceptionnelle et non reproductible :

> « *Au demeurant, ce que nous appelons ordinairement amis, ce ne sont qu'accointances et familiarités nouées par quelque occasion ou commodité, par le moyen de laquelle nos âmes s'entretiennent. En l'amitié de quoi je parle, elles se mêlent et se confondent l'une en l'autre, d'un mélange si universel qu'elles effacent et ne retrouvent plus la couture qui les a jointes. Si l'on me presse de dire pourquoi je l'aimais, je sens que cela ne peut exprimer qu'en répondant : "Parce que c'était lui, parce que c'était moi".* »

L'intensité de cette relation entre Montaigne et La Boétie est d'autant plus forte qu'elle ne dure que deux années – on peut d'ailleurs s'interroger sur la possible durée d'une telle relation pendant plus longtemps. Quoi qu'il en soit, la mort emporte La Boétie trop rapidement, bien sûr, pour Montaigne dont la souffrance est difficilement surmontable. Montaigne perd son double, son miroir, son autre lui-même. L'irremplaçable ami ne pourra finalement exister que dans l'écriture, qui va jouer pour Montaigne ce rôle de miroir, de cet « autre soi », rôle qu'avait endossé La Boétie. À sa mort, La Boétie léguera à Montaigne sa bibliothèque, et ses derniers mots seront adressés à celui-ci, le nommant « *mon frère* ». Montaigne ne s'en remettra jamais tout à fait et, tel un homme ayant perdu sa femme, il déclarera qu'à présent il lui « *semble n'être plus qu'à demi* ».

Philosopher, c'est apprendre à mourir

Le thème de la mort chez Montaigne est abordé dans le livre I des *Essais*[1], sous le célèbre titre « Que philosopher, c'est apprendre à mourir ». L'ensemble de ce chapitre montre de façon très claire en quoi Montaigne est un disciple de l'école

---

1. Michel de Montaigne, *Les Essais*, op. cit.

stoïcienne. Il commence même le texte en citant Cicéron, expliquant que philosopher n'est pas autre chose que s'apprêter à mourir. La mort est inévitable, et c'est cette caractéristique qui fait selon Montaigne que nous la craignons. C'est parce qu'elle est omniprésente, parce qu'elle rôde, parce que nous la savons jamais très loin que nous en avons peur. Son insoutenable inéluctabilité rend obsessionnelle la pensée de la mort. Sa position de stoïcien se confirme quand il s'insurge contre ceux qui disent, à propos de la mort, qu'il suffit de ne pas y penser pour l'évacuer. Vaste foutaise, position vulgaire et sans raison pour Montaigne : la mort est là, il s'agit de faire avec.

La posture de Montaigne est singulière, puisqu'à défaut d'évacuer la mort, il faut, selon lui, au contraire s'en rapprocher, voire l'apprivoiser. De diverses façons, il va s'atteler à déconstruire l'idée de la mort. Il va, par exemple, montrer comment les Romains avaient appris à amollir la mort en la nommant différemment. Ces derniers, au lieu de dire : « Il est mort », disaient : « Il a vécu. » Cherchant une certaine proximité avec la mort, il montre sa gratuité et sa présence permanente, en faisant état de différentes mortes célèbres, survenues par surprise. Il cite un roi mort en jouant dans un tournoi ; celle de Philippe, fils de Louis le Gros, mort à la suite d'une chute de cheval provoquée par un porc ; Eschyle, assommé par une carapace de tortue que tenait un aigle entre ses serres ; un empereur qui meurt des suites d'une mauvaise infection provoquée par l'égratignure de son peigne… Montaigne, par cette énumération de plusieurs décès singuliers, évoque la facilité, la proximité, la fréquence avec laquelle la mort frappe de façon si soudaine, si gratuite. Il prend un certain plaisir à établir cette liste, constituant ainsi un exercice à l'apprentissage, à l'approche et à l'apprivoisement de la mort. Il précise même que, s'il était écrivain, il rédigerait un livre de commentaires sur ces différentes morts originales.

La proposition de Montaigne face à la mort est donc l'apprivoisement de celle-ci. Il recommande d'avoir, aussi souvent que possible, la mort prochaine à l'esprit. Il s'agit, en bon stoïcien, de savoir la représenter, de l'imaginer si proche qu'elle peut nous toucher, à l'instar de la carapace, de la légère coupure, d'un accident aussi soudain qu'inédit entre un porc et un cheval. Cette permanence de la mort doit également émerger à l'occasion de fêtes, à l'occasion de moments joyeux, de plaisirs ; Montaigne cite le rituel égyptien antique qui consistait, à l'endroit de festins, de fêtes, de partages de bonne chère, à apporter le squelette d'un homme mort et que l'on crie à ce moment : « *Bois et réjouis-toi, car mort, tu seras tel.* » L'objectif de cette mise en scène était de ramener les convives de la fête à un état de conscience rappelant que la mort n'est jamais loin.

En citant cette anecdote, Montaigne persévère dans l'apprivoisement de la mort qu'il faut proche pour moins la redouter. Personne ne sait où la mort nous attend. De fait, précise Montaigne, attendons-la partout ! Cette anticipation sur la mort, outre qu'elle permet de ne plus la craindre, permet d'atteindre la liberté : « *La préméditation de la mort est préméditation de la liberté*, explique Montaigne. *Qui a appris à mourir, a désappris à servir.* » Ce passage est fondamental car au lieu de voir dans la proposition stoïcienne une « simple » acceptation de la mort comme une sorte de fatalisme, Montaigne renverse la proposition. En déconstruisant la mort, en l'éclatant, en la plaçant toujours et partout, il réussit le tour de force de s'en écarter pour en devenir extérieur, pour s'en rendre libre. Il s'effectue ainsi un va-et-vient entre la vie et la mort, cette vie dont on profite d'autant plus en se projetant dans la mort, en anticipant celle-ci. Ainsi résume-t-il : « *Qui apprend à mourir, apprend à vivre.* »

Il s'agit de profiter de la vie, de ne pas remettre au lendemain ce que l'on peut faire le jour même. Il ne faut pas comprendre cette proposition de Montaigne comme nous l'entendons aujourd'hui avec une connotation d'anticipation sur le lendemain, d'organisation pour être plus productif. Il s'agit de comprendre cette dimension par anticipation de la mort qui peut survenir. Autrement dit, tout ce que vous aurez fait pendant votre « vie », la mort ne vous le prendra pas. C'est ce pour quoi il ne faut pas faire de projection trop lointaine, explique Montaigne, et qu'entre l'instant présent et celui de la mort, il s'agit de vivre et de s'activer avec le plus de vitalité possible. Il cite à dessein Ovide : « *Quand je mourrai, je veux que la mort me surprenne en plein ouvrage* », et prolonge cette idée, souhaitant que la mort le trouve en plantant ses choux dans son jardin imparfait.

On trouvait déjà cette proposition de vivre chez Sénèque. Projeter, anticiper la mort est une position stoïcienne parfaitement reprise par Montaigne. Toutefois, il se dote d'un accent épicurien. Rappelons-nous que, selon eux, la mort n'existe pas car tant que nous vivons elle n'est pas là, et quand nous serons morts, elle ne sera plus là. Montaigne reprend à son compte cette position, mais il en forge une nouvelle dans le même temps en lui conservant un accent stoïcien. Si la mort est courte et violente, alors nous n'avons pas besoin de la craindre, dit-il. Si elle est autre, une maladie par exemple, alors on se trouve dans une position à ne plus aimer la vie, à la dédaigner, les plaisirs de la vie s'estompent et l'approche de la mort devient moins brutale.

La mort est à apprivoiser, pour Montaigne, peut-on comprendre avec la mise en perspective d'une vie que l'on ne possède pas réellement, mais que l'on emprunte. Le terme « emprunter » est intéressant car il renvoie au chemin que l'on emprunte pour suivre sa route, mais aussi au fait que l'on nous prête quelque chose. On emprunte le chemin de la vie dès notre naissance, on entre sur celui-ci et l'on en sort quelques mètres ou kilomètres plus loin. L'idée du chemin ferait écho à ce qu'expose Montaigne : « *Le même passage que vous fîtes de la mort à la vie, sans passion et sans frayeur, refaites-le de la vie à la mort.* » Tout comme le chemin a nécessairement une fin, la vie est constituée de la mort. On emprunte également la vie ; nous naissons avec la mort, nous vivons avec elle, nous lui sommes destinés dès notre naissance. C'est donc la vie que l'on dérobe à la mort, nous sommes mourants dès notre naissance. De fait, il n'y a pas de « normalité » quant à la durée de la vie pour Montaigne. Toute vie, quel que soit le temps passé, est déjà une victoire sur la mort, déjà un morceau qui lui est dérobé. Autrement dit, annoncer que quelqu'un meurt avant son heure est un non-sens ; que ce soit un enfant ou un vieillard, la vie a été complète.

Enfin, pour finir d'apprivoiser la mort, Montaigne, en citant Lucrèce : « *Toutes choses vous suivront dans la mort* », explique qu'au moment de sa propre mort des milliers d'hommes et d'animaux mourront en même temps. Nous avons peur de ce qui n'est finalement qu'une simple banalité, constate-t-il, comme les enfants ont peur de leurs amis quand ils revêtent un masque. Si nous savons ôter le masque des choses, des personnes, alors nous n'avons rien à craindre y compris de la mort que nous aurons découverte avant son heure.

Sa mort survient le 13 septembre 1592. Depuis son retour de voyage, il a assumé la charge de maire de Bordeaux qui lui a été confiée et même renouvelée deux années supplémentaires. Il est ravi quand cette charge s'arrête enfin et retourne au château pour travailler à ses *Essais*[1], qu'il n'a jamais cessé de compléter, de lire, de relire, d'amender… En 1595, *Les Essais*[2] paraîtront dans leur dernière version, de façon posthume.

La pensée de Montaigne, réceptacle des philosophes antiques

Nous avons vu un Montaigne stoïcien, un Montaigne épicurien, il existe également un Montaigne qui peut relever de l'école des sceptiques. Ce scepticisme lui vient de la lecture approfondie de Sextus Empiricus, philosophe grec du IIe et IIIe siècle. Pour Montaigne, il vaut mieux douter des choses qui semblent appa-

---

1. *Ibid.*
2. *Ibid.*

rentes, que de croire sans avoir correctement examiné les choses. Ayant sans cesse le besoin de matérialiser ses pensées, à l'instar des prises de notes qui constitueront *Les Essais*[1], mais aussi des poutres peintes de sentences, il fait graver sur une médaille une balance représentant la difficulté du choix, ainsi que l'inscription « *Que sais-je ?* », montrant fortement la position qu'il vaut mieux savoir qu'on ne sait rien, plutôt que de croire connaître ce qu'on ne connaît pas. Montaigne est un sceptique, il doute devant les connaissances de l'homme.

C'est ce mélange de philosophies, cette articulation de la philosophie antique au sein d'un même individu qui fait la richesse éblouissante de Montaigne. Il n'est pas un intellectuel, ou en tout cas il n'est pas que cela ; il est aussi un philosophe plongé dans l'existence, dans la vie, dans le quotidien. *Les Essais*[2] sont un monument de la philosophie, une synthèse du meilleur des trois écoles antiques fondatrices de la philosophie.

L'ouvrage, la vie, l'inspiration de Montaigne nous montrent une pratique concrète des exercices spirituels antiques. Il ne fait pas que les théoriser, il les adapte en acceptant de les articuler avec différentes écoles et en fait également une manière de vivre.

Montaigne résume parfaitement ce qu'est cet ouvrage pour lui, ce qu'il lui a apporté et ce qu'il peut encore nous apporter tant ses propos resteront contemporains. « *C'est moi que je peins [...]. Je suis moi-même la matière de mon livre.* » De même, quand il explique qu'il a fait ce livre autant que ce livre l'a fait, on comprend la position d'exercice spirituel qui s'opère chez lui. L'écriture, *Les Essais*[3] sont pour Montaigne l'occasion de travailler son esprit, son âme. Il se forge et forge une pensée alors qu'il réfléchit, qu'il lit, qu'il médite, qu'il écrit. C'est d'ailleurs tout le propos du terme « essai », dont l'étymologie renvoie à la « pesée ». La pesée était faite par l'essayeur, celui

1. *Ibid.*
2. *Ibid.*
3. *Ibid.*

qui évaluait la teneur en or et en argent des différentes monnaies, jaugeant ainsi leur bon aloi ; l'essayeur était aussi celui qui travaillait avec l'alchimiste et qui avait toute la compétence pour mélanger les différents ingrédients afin d'obtenir une bonne expérimentation. De même, Montaigne essaye, jauge, évalue, tente ; le matériau cependant n'est plus les ingrédients ni les métaux, c'est l'âme.

Cet individu si singulier a montré comment on peut vivre des exercices spirituels antiques dans une période qui n'est pas l'Antiquité. C'est probablement le premier à avoir effectué cette expérience. Ce mélange de différentes philosophies, d'articulation entre théories et pratiques est si rare qu'il faudra attendre près de quatre cents ans pour retrouver un personnage aux accents si particuliers, en la personne de Michel Foucault.

Michel Foucault, une esthétique de l'existence

Michel Foucault, un personnage hors norme

Paul-Michel Foucault (1926-1984) est originaire de Poitiers, où il alla au collège dans un établissement religieux. Fils et petit-fils de médecins, il s'intéresse préférablement à la littérature et à la philosophie, s'opposant à l'avis de son père. Après un passage au lycée Henri-IV, il intègre l'École normale, moment douloureux où il se sent mal intégré, mal adapté aux conditions de vie et de travail de cette institution. Il obtient cependant, à la seconde tentative, l'agrégation de philosophie et continue sa formation dans le domaine scientifique et psychologique.

Son premier ouvrage majeur couronné de succès, *Les Mots et les Choses*[1], est publié en 1966. L'ouvrage présente, après une étude critique de l'œuvre *Les Ménines* de Diego Vélasquez, l'histoire du savoir après le Moyen Âge. Trois moments sont

---

1. Michel Foucault, *Les mots et les choses*, Gallimard, 1990.

distingués : le premier concerne la période allant du Moyen Âge à la fin du XVIᵉ siècle, où le monde se constitue selon la ressemblance et l'interprétation. Le second moment s'effectue vers le milieu du XVIIᵉ siècle, où le langage est prédominant. Enfin, à partir du XIXᵉ siècle, le savoir s'articule avec l'émergence des sciences humaines et la figure de l'homme associé au savoir.

Foucault n'est pas qu'un chercheur, c'est aussi un acteur engagé dans la société. Il fonde, par exemple, au début des années 1970 le Groupement d'information sur les prisons afin de permettre aux prisonniers de s'exprimer sur leurs conditions d'incarcération. Ce groupement aura des conséquences considérables puisque, pour la première fois, les médias seront autorisés dans les prisons. Il publiera en 1975 un livre sur cette expérience, *Surveiller et punir*[1], autre monument de son œuvre.

À la fin des années 1970, Foucault se consacre à l'écriture de l'*Histoire de la sexualité* qui s'articule en trois tomes : *La Volonté de savoir*[2], *L'Usage des plaisirs*[3] et *Le Souci de soi*[4]. De nombreuses autres activités l'occupent désormais à travers le monde. Il donne des conférences à Berkeley, s'implique dans la révolution iranienne, voyage au Japon tout en dispensant ses cours au Collège de France dans sa chaire d'« histoire des systèmes de pensée ». Ses derniers cours dans la prestigieuse institution portent plus précisément sur « le gouvernement de soi et des autres ».

---

1. Michel Foucault, *Surveiller et punir*, Gallimard, 1993.
2. Michel Foucault, *Histoire de la sexualité, tome 1 : La volonté de savoir*, Gallimard, 1994.
3. Michel Foucault, *Histoire de la sexualité, tome 2 : L'usage des plaisirs*, Gallimard, 1994.
4. Michel Foucault, *Histoire de la sexualité, tome 3 : Le souci de soi*, Gallimard, 1994.

La présence de Foucault est fondamentale dans notre parcours, puisque les apports du philosophe français sur les exercices spirituels s'effectuent à différents niveaux. À un premier niveau d'historien, si l'on peut dire, puisqu'il a travaillé sur l'origine des exercices spirituels, mais aussi à un niveau de praticien, à travers la mise en œuvre de concepts tels que le « *souci de soi* », l'« *esthétique de l'existence* », l'« *art d'existence* », ou encore la « *technique de soi* ». Enfin, à un niveau d'observateur, en se rendant dans un temple zen, ou en observant le comportement de certains artistes comme Baudelaire, par exemple.

Se soucier de soi

En tant que « praticien » des exercices spirituels, Michel Foucault va forger la notion de « *souci de soi* ». Pour comprendre cette notion, il nous faut nous attarder préalablement sur quelques définitions que Foucault donne de la morale et de l'éthique – notions capitales chez ce philosophe.

Il faut tout d'abord avoir à l'esprit que le « *souci de soi* » n'est pas solipsiste, mais se construit avec autrui. C'est ce rapport à l'autre qui contribue à la connaissance de soi que nous regarderons ensemble. Ces axes sont fondamentaux pour comprendre, selon Foucault, comment se sont formés les exercices spirituels.

La morale et l'éthique, fondement du « souci de soi »

• *La morale, une conduite prescriptive*

Michel Foucault, dans « *Usage des plaisirs, techniques de soi* »[1], va différencier la notion de morale de celle d'éthique. Le premier terme signifie l'ensemble de « *valeurs et de règles d'action proposées aux individus et aux groupes par l'intermé-*

---

1. Michel Foucault, « *Usage des plaisirs, techniques de soi* » in *Dits et écrits II*, Gallimard, 2001.

diaire d'appareils prescriptifs » comme la famille, l'école, l'Église… L'individu va ainsi se soumettre plus ou moins à cette morale, à ce code qui lui est proposé, et va devoir adapter une conduite. Le sujet va donc se constituer lui-même comme sujet moral, en référence au code qui lui a été imposé.

- *L'éthique, une conduite qui s'élabore*

Foucault détermine l'éthique en considérant que c'est la « *façon dont l'individu doit constituer telle ou telle part de lui-même comme matière principale de sa conduite morale* ». Le travail éthique est celui que l'on va effectuer sur soi-même, et non pour rendre son comportement en phase avec un code moral. Foucault explique que ce travail éthique nécessite un « *long apprentissage de mémorisation, d'assimilation* » de ce que l'on veut être. Nous sommes ici au cœur de l'exercice spirituel tel que vu chez les Anciens. Foucault montre ainsi que la construction de l'éthique, contrairement à la morale, va être une façon de se construire.

Cependant, l'action morale implique aussi un certain rapport à soi et construit le sujet comme « *sujet moral* » car, ainsi que le précise Michel Foucault, l'individu circonscrit la part de lui-même constituant cet objet de pratique morale. Il n'y a alors « *pas de constitution du sujet moral sans des modes de subjectivation et sans une ascèse ou des pratiques de soi qui les appuient* ».

Il est donc nécessaire d'user d'exercices, de méthodes, de travail sur soi, que l'on se constitue comme « *sujet moral* » ou comme « *sujet éthique* ». Toutefois, le contenu est différent et régi par deux ordres distincts. L'individu se trouve, en quelque sorte, en situation de choisir sa voie. Même en étant éduqué, élevé, formaté d'une façon particulière, en fonction de traditions, de codes, il conserve son libre arbitre, si tant est qu'il ait suffisamment de raison pour orienter son comportement, sa vie selon un axe moral ou éthique.

Le rapport à l'autre et la connaissance de soi

• *Le rapport à l'autre*

L'éthique et le « *souci de soi* » sont intimement liés, ainsi que le montre Foucault[1]. En effet, le souci de soi est constitué comme éthique – dès les textes de Platon et jusqu'à Marc Aurèle. Foucault montre qu'*a contrario*, dans notre société contemporaine, le souci de soi est suspicieux, il est mal considéré car il prend la forme d'un égoïsme, d'un intérêt individuel quand il faudrait porter attention aux autres. Même si cette dénonciation n'est pas uniquement due au christianisme, c'est à son apparition que cette condamnation s'établira.

Cette critique à propos du souci de soi est illégitime pour Foucault. Il précise que le souci de soi implique naturellement le rapport à l'autre car il est lié à un apprentissage. Cet apprentissage est orchestré par un maître, un guide ou un conseiller, en tout cas par quelqu'un qui dit la vérité sur ce que nous sommes.

Celui qui se soucie de lui comme il le faut se trouve, de fait, en mesure de se conduire comme il faut avec les autres. Ainsi, pour Foucault : « *Le souci de soi est éthiquement premier dans la mesure où le rapport à soi est ontologiquement premier.* »

C'est le pouvoir sur soi qui va réguler le pouvoir sur les autres ; que ce soit d'un homme sur sa femme ou sur ses enfants comme d'un gouverneur sur la cité. Ainsi Xénophon, dans *Les Mémorables*[2], interpelle un jeune homme : « *Tu veux devenir un homme politique, mais tu ne t'es même pas occupé de toi-même, et si tu ne t'occupes pas de toi-même tu seras un mauvais gouvernant.* »

---

1. Michel Foucault, *Histoire de la sexualité, tome 3 : Le souci de soi, op. cit.*
2. Xénophon, *Les Mémorables, op. cit.*

● *Connaissance et maîtrise de soi*

Nous approchons de deux autres notions fondamentales, déjà vues également dans la philosophie antique : la connaissance et la maîtrise de soi. Pour Foucault, la domination des autres et la tyrannie viennent du fait de ne pas s'être soucié de soi, et ainsi d'être devenu « *esclave de ses désirs* ». Cette idée d'être « *esclave de ses désirs* » intervient dans la notion de liberté – intimement liée au souci de soi chez les Grecs. Afin de bien pratiquer cette liberté, il faut s'occuper de soi et se connaître pour se maîtriser et ainsi éviter d'être « *esclave de ses désirs* ». Foucault montre qu'il est impossible de se soucier de soi sans connaissance de soi-même, reprenant ici l'impératif socratique « *Connais-toi toi-même* ».

La fin du texte de Michel Foucault, « *Usage des plaisirs, techniques de soi* »[1], montre que les réflexions morales dans l'Antiquité grecque ont été beaucoup plus orientées vers les pratiques de soi que vers les codifications de conduite ; seules *La République*[2] et *Les Lois*[3] de Platon peuvent s'y rapporter. Car, en effet, l'orientation de la pensée grecque se focalise sur le rapport à soi en cherchant à se maîtriser et à « *demeurer libre de tout esclavage intérieur à l'égard des passions, et atteindre un mode d'être qui peut être défini par la pleine jouissance de soi-même ou la parfaite souveraineté de soi sur soi* », ainsi que l'explique Foucault.

Foucault donne un exemple de maîtrise de soi avec Nicoclès, alors souverain de Chypre. Il déclarait être fidèle à sa femme car étant roi et devant gouverner ses sujets, il devait dès lors montrer qu'il était capable de se gouverner lui-même. Point intéressant à noter : Michel Foucault souligne que cette vision de Nicoclès est différente de celle d'un stoïcien, pour qui la fidélité à la femme est liée au fait d'être un humain rationnel.

---

1. Michel Foucault, « *Usage des plaisirs, techniques de soi* » in *Dits et écrits II, op. cit.*
2. Platon, *La République*, Gallimard, 1950.
3. Platon, *Les Lois*, Flammarion, 2006.

La maîtrise de soi passe par l'écriture, ainsi que nous l'avons déjà vu. Foucault aborde ce thème dans « *À propos de la généalogie de l'éthique* »[1] à travers les *hupomnêmata*. Les *hupomnêmata* – terme grec – constituent, eux aussi, la réalisation des exercices spirituels ; c'étaient, entre autres, des carnets personnels qui servaient à prendre des notes, mais aussi à relever des citations, inclure des extraits d'ouvrages, écrire des anecdotes, des aphorismes et des réflexions destinés à être relus et médités. Bien sûr, le lien avec les *Pensées*[2] de Marc Aurèle est ici évident, car ils ne constituent pas une autobiographie, ou encore un récit de soi pour exposer ses dires, non plus que des confessions. L'objectif de ces *hupomnêmata* est, au contraire, la vie intérieure, comme le précise Michel Foucault : « *La façon de vivre avec soi-même, l'indépendance, le goût de soi-même.* » Les *hupomnêmata* permettent d'établir un rapport à soi par l'écoute, l'écriture, la lecture. Foucault va souligner que cette écriture est fondamentale dans l'apprentissage du rapport de soi à soi, qu'elle fait partie des techniques, de l'ascèse pour se connaître.

On peut noter également, comme Foucault le précise dans « *À propos de la généalogie de l'éthique* »[3], que ces *hupomnêmata* vont être utilisés par le christianisme, ainsi qu'on peut le voir chez Athanase dans la *Vie de saint Antoine*[4]. Dans ce cadre, la prise de notes des mouvements intérieurs paraît être une arme de combat spirituel ; l'écriture rend possible la mise à jour des mouvements de la pensée, qui permettrait alors de contourner, d'éliminer les ruses de l'ennemi.

1. Michel Foucault, « *À propos de la généalogie de l'éthique* » in *Dits et écrits II*, *op. cit.*
2. Marc Aurèle, *Pensées pour moi-même*, Arléa, 1995.
3. Michel Foucault, « *À propos de la généalogie de l'éthique* » in *Dits et écrits II*, *op. cit.*
4. Athanase, *Vie de saint Antoine*, Delagrave, 1878.

Formation des exercices spirituels

Dans « *Usage des plaisirs, techniques de soi* »[1], Foucault expose clairement sa façon d'analyser les exercices spirituels antiques. Voici une longue citation, qui permet de montrer comment le travail de généalogie est opéré par Foucault et quelle définition il donne des exercices spirituels :

« *Le domaine que j'analyserai est constitué par des textes qui prétendent donner des règles, des avis, des conseils pour se conduire comme il faut : textes "pratiques", mais qui sont eux-mêmes objets de pratique dans la mesure où ils demandent à être lus, appris, médités, utilisés, mis à l'épreuve et où ils visent à constituer finalement l'armature de la conduite quotidienne. Ces textes ont pour rôle d'être des opérateurs qui permettent aux individus de s'interroger sur leur propre conduite, de veiller sur elle, de la former et "de se façonner soi-même comme sujet éthique".* »

Ce que montre ici Foucault, c'est le rôle non seulement du contenu des textes reprenant consignes et méthodes pour l'application des exercices spirituels, mais également le rôle des textes eux-mêmes qui agissent comme des directeurs de conscience permettant la formation de soi.

Naissance des exercices spirituels

Le travail de Foucault permettant d'affirmer l'émergence des exercices spirituels, qui se retranscrit dans le souci de soi, va être constitué de deux axes. Le premier permet de comprendre ce qu'est le souci de soi et de clairement le délimiter. Le second permet de comprendre les exercices spirituels non seulement à partir d'eux-mêmes, mais en fonction de leur réappropriation par le christianisme. Cette « archéologie » foucaldienne permet

---

1. Michel Foucault, « *Usage des plaisirs, techniques de soi* » in *Dits et écrits II*, *op. cit.*

de révéler que l'ascèse, régulièrement attribuée au christianisme, peut en fait trouver son origine dans les exercices spirituels des Anciens.

Pour commencer, Foucault, dans « *À propos de la généalogie de l'éthique* »[1], va définir le terme de « souci » qui vient du grec *epimeleia heautou*. Il explique clairement que cela ne représente pas un simple intérêt à soi-même, mais se rapporte à une activité, à une attention, à une connaissance. En effet, il va montrer que l'*epimeleia heautou* se déterminait par la connaissance du monde, des dieux, de la relation entre eux, et que cette connaissance était fondamentale pour s'occuper de soi ; elle permettait de parvenir à l'autosuffisance.

Michel Foucault révèle ensuite que le souci de soi se traduisait par des techniques et des exercices ascétiques qui ont été attribués au christianisme. Or, l'austérité, les interdictions, les renoncements étaient déjà développés chez les Anciens comme exercices spirituels ; les chrétiens n'ont fait que les reprendre. Foucault précise toutefois que les fins ne sont pas similaires ; les Anciens, à travers cette ascèse, ne cherchaient pas à atteindre une vie éternelle après la mort. Pour eux, il s'agissait de donner à leur vie de la valeur, d'en faire un objet de connaissance, et un objet d'art.

Michel Foucault illustre son propos par trois exemples, plus exactement trois condamnations énoncées par le christianisme : la répression de l'homosexualité, l'exigence de la monogamie et l'exigence de la chasteté. Il montre que ces condamnations sont, en fait, des inquiétudes déjà présentes dans la pensée grecque, et il en reprend trois manifestations.

Tout d'abord la peur, à travers l'analyse d'un texte d'Arétée, où l'on voit la crainte de l'acte sexuel, « *des soupçons qu'il est*

---

1. Michel Foucault, « *À propos de la généalogie de l'éthique* » in *Dits et écrits II*, *op. cit.*

susceptible, s'il est déréglé [...], de produire sur la vie de l'individu les effets les plus nocifs [...] »[1].

La deuxième manifestation est le modèle. Foucault montre que le schéma didactique de François de Sales concernant la vertu conjugale est en effet déjà présent chez Pline et Aristote, lequel considère, dans *La Politique*[2], comme déshonorante la relation du mari avec une autre femme ou celle de l'épouse avec un autre homme. S'agissant de modèle, Foucault montre bien que le héros vertueux, capable de se détourner du plaisir et de la tentation, est une vision commune au christianisme et à l'Antiquité. En effet, dès l'Antiquité païenne, ceux qui sont maîtres d'eux-mêmes et parviennent à renoncer au plaisir sexuel font déjà figure d'athlètes, comme Socrate qui, dans *Le Banquet*[3], ne porte pas la main sur la beauté du jeune Alcibiade. Ainsi, le rapport entre l'abstinence sexuelle et l'accès à la vérité, on le voit, est marqué dès l'Antiquité.

La troisième manifestation que Foucault soulève est l'image, la représentation de l'homosexuel quant à sa tenue et ses gestes. Il est ici montré que dès le *Phèdre*[4] de Platon, Socrate blâme l'amour porté aux garçons mollassons, élevés dans la délicatesse de l'ombre, et ornés de fards et de parures.

Foucault démontre clairement comment se sont créés certains exercices spirituels dans l'optique de la maîtrise de soi à des fins pratiques : éviter les maladies par l'abstinence, éviter le déshonneur par la fidélité et éviter une image négative par un apprêtement viril. L'apport majeur de Foucault ici est d'avoir effectué cette « archéologie » des exercices spirituels chrétiens et d'avoir repéré leur existence préalablement, dans la pensée antique.

---

1. Arétée, *Des signes et de la cure des maladies chroniques*, trad. L. Renaud, E. Lagny, 1834.
2. Aristote, *La Politique*, Vrin, 1995.
3. Platon, *Le Banquet*, *op. cit.*
4. Platon, *Phèdre*, Flammarion, 2006.

Exercices spirituels des Anciens et christianisme

On le voit, il y a des points communs importants et une forme de reprise dans le christianisme d'une austérité déjà présente auparavant. Foucault, cependant, va démontrer, toujours dans l'article « *Usage des plaisirs, techniques de soi* »[1], que les implications chrétiennes n'ont aucun rapport. La condamnation de l'homosexualité, notamment, n'est pas comparable. L'austérité antique prônée n'était pas organisée au sein d'une morale autoritaire et imposée. Par ailleurs, cette austérité était inhérente à toutes les écoles philosophiques, qu'elles soient pythagoricienne, stoïcienne ou épicurienne. Ainsi, précise Michel Foucault, il ne faut pas considérer que la morale chrétienne trouve ses prémisses dans l'Antiquité, mais que néanmoins la réflexion morale de l'Antiquité s'est formée sur une thématique de l'austérité sexuelle à travers le mariage, le corps, la sagesse, la relation entre les hommes.

« *À propos de la généalogie de l'éthique* »[2] montre l'intérêt de comparer systématiquement les exercices spirituels catholiques et ceux pratiqués dans l'Antiquité. Ainsi Foucault expose la proposition d'Épictète qui, dans ses *Entretiens*[3], recommande la « *méditation-promenade* ». Cela a pour but, selon le stoïcien, de méditer sur les personnes que l'on rencontre et de s'examiner soi-même. Foucault montre qu'au XVIIe siècle les chrétiens pratiquaient des exercices spirituels où il est également question de promenade. Dans ce cas, il ne s'agit pas de faire preuve de souveraineté sur soi, mais d'en profiter pour y reconnaître la toute-puissance et la souveraineté de Dieu.

---

1. Michel Foucault, « *Usage des plaisirs, techniques de soi* » in *Dits et écrits II*, *op. cit.*
2. Michel Foucault, « *À propos de la généalogie de l'éthique* » in *Dits et écrits II*, *op. cit.*
3. Épictète, *Entretiens*, *op. cit.*

Christianisme et culture de soi

Pour Foucault, le christianisme n'a pas « *étouffé* » la culture de soi, mais ses caractéristiques en ont été radicalement modifiées. « *La culture de soi a été mise au service de l'exercice d'un pouvoir pastoral* », et du souci de soi est apparu le souci des autres, à travers notamment la fonction du pasteur. Le souci de soi n'a cependant pas disparu, mais il a été fondu, perdant dès lors une grande autonomie.

Le christianisme a eu pour conséquence un renversement de la culture classique de soi : on refuse l'idée d'un soi, parce qu'en s'attachant à soi-même, souligne Foucault, on s'oppose à la volonté de Dieu, ce qui est condamnable par l'Église.

Par ailleurs, Foucault montre que la différence entre l'austérité gréco-romaine et l'austérité chrétienne se situe aussi au niveau de la pureté. Celle-ci est centrale dans l'ascétisme chrétien, car c'est un « *modèle viril de maîtrise de soi* ». L'opposition entre païens et chrétiens n'est donc pas uniquement celle de la tolérance et de l'austérité, mais une forme d'austérité qui, dans un cas, se retrouve empreinte d'« *esthétique de l'existence* » et, dans l'autre, de la nécessité de renoncer à soi.

L'esthétique de l'existence, un exercice spirituel contemporain ?

« *Je voudrais montrer*, expose Michel Foucault, *comment, dans l'Antiquité, l'activité et les plaisirs sexuels ont été problématisés à travers des pratiques de soi faisant jouer les critères d'une esthétique de l'existence.* » Dans toute la généalogie que Foucault opère concernant les exercices spirituels, il indique que les Anciens développent véritablement une « *esthétique de l'existence* ». Toutefois, son travail cherche à révéler que cette « *esthétique de l'existence* » ne se cantonne pas uniquement à l'Antiquité, qu'elle peut prendre corps de façon plus contemporaine.

Modernité et esthétique de l'existence

La réception des exercices spirituels ou de l'« *esthétique de l'existence* » dans la philosophie contemporaine, et plus largement dans la pensée contemporaine, prend sens pour Foucault dans la notion de modernité. Cette modernité est notamment expliquée dans *Qu'est-ce que les Lumières ?*[1], où il aborde le rapport de la modernité et du « *dandysme* » tel que le définit Baudelaire dans *Le Peintre de la vie moderne*[2].

La modernité, nous dit Foucault, n'est pas simplement un rapport au présent, mais un « *mode de rapport à établir soi-même* ». Ainsi, la modernité a une corrélation forte avec l'ascétisme : il ne suffit pas de s'accepter dans la vie qui passe pour être moderne, il faut se prendre comme objet de construction spécifique, ce que Baudelaire appelle le « *dandysme* ». Foucault s'attarde à commenter les pages de Baudelaire, montrant l'ascétisme du dandy qui use de son corps, de ses désirs, de ses comportements pour faire de son existence une « *œuvre d'art* ». Pour Baudelaire, rappelle Foucault : « *L'homme moderne [...] est celui qui cherche à s'inventer soi-même.* » Foucault conclut ce passage concernant la modernité de Baudelaire en soulignant que, pour ce dernier, cette élaboration ne peut avoir lieu qu'exclusivement dans l'art, et non dans la société ni dans la politique.

Œuvre d'art, œuvre de vie

Dans « *À propos de la généalogie de l'éthique* »[3], Foucault reprend ce thème de l'art, déjà présent dans *Qu'est-ce que les Lumières ?*[4] Il s'étonne que la société ne s'intéresse plus à l'art qu'à travers les objets et non les individus. Il s'étonne également que l'art soit un domaine de spécialistes, réservé aux

---

1. Michel Foucault, *Qu'est-ce que les Lumières ?*, Bréal, 2004.
2. Charles Baudelaire, *Le Peintre de la vie moderne*, La Palatine, 1943.
3. Michel Foucault, « *À propos de la généalogie de l'éthique* » in *Dits et écrits II*, *op. cit.*
4. Michel Foucault, *Qu'est-ce que les Lumières ?*, *op. cit.*

experts que sont les artistes. Il se demande alors pourquoi la vie ne peut être une œuvre d'art : « *Pourquoi un tableau ou une maison sont-ils des objets d'art, mais non notre vie ?* »

Dans « *Usage des plaisirs, techniques de soi* »[1], cette même idée est présente. Foucault spécifie qu'il « *faut entendre des pratiques réfléchies et volontaires par lesquelles les hommes non seulement se fixent des règles de conduite, mais cherchent à se transformer eux-mêmes, à se modifier dans leur être singulier, et à faire de leur vie une œuvre qui porte certaines valeurs esthétiques et réponde à certains critères de style* ». Foucault précise dans « *À propos de la généalogie de l'éthique* »[2] que ces arts de vie, ces « *arts d'existence* », ces « *techniques de soi* », « *ont sans doute perdu une certaine part de leur importance et de leur autonomie, lorsqu'ils ont été intégrés, avec le christianisme, dans l'exercice d'un pouvoir pastoral [...]* ».

Cet art des techniques de soi et des esthétiques de l'existence, Foucault ne le restreint pas aux individus, la sphère politique peut aussi recouvrir de tels aspects. Ainsi, dans « *À propos de la généalogie de l'éthique* »[3], il envisage la révolution non seulement comme projet politique, mais également comme « *un style, un mode d'existence avec son esthétique, son ascétisme, les formes particulières de rapport à soi et aux autres* ».

Le zen comme exercice spirituel

Pour bien cerner l'archéologie qu'entreprend Foucault des exercices spirituels, il est utile de s'arrêter sur son expérience dans un temple zen japonais à la fin des années 1970. Ce qui est intéressant n'est pas de savoir si le mouvement zen en tant que tel est un exercice spirituel, mais plutôt de comprendre

1. Michel Foucault, « *Usage des plaisirs, techniques de soi* » in *Dits et écrits II*, *op. cit.*
2. Michel Foucault, « *À propos de la généalogie de l'éthique* » in *Dits et écrits II*, *op. cit.*
3. *Ibid.*

pourquoi Foucault s'y est intéressé et par conséquent quelle est son imbrication dans sa philosophie, et spécifiquement dans le « *souci de soi* ».

« *Ce qui m'intéresse le plus*, dit-il, *c'est la vie elle-même au temple zen, à savoir la pratique du zen, ses entraînements et ses règles. Car je pense qu'une mentalité totalement différente de la nôtre se forme à travers la pratique et l'entraînement au temple zen.* » Nous retrouvons clairement, dans ce passage issu de « *Michel Foucault et le zen : un séjour dans un temple zen* »[1], les exercices spirituels ou, pour reprendre un terme foucaldien, l'« *esthétique de l'existence* ». Foucault est particulièrement attiré par le zen, dans la mesure où cette approche de la vie n'est pas donnée mais « *exercée* », à travers notamment la méditation et la manière de vivre au quotidien dans le temple.

Dans cet article, Foucault s'arrête également sur la notion de mysticisme. Le zen, pour le philosophe, est considéré comme un mysticisme qui toutefois n'a, selon lui, aucun point commun avec le mysticisme chrétien. Ce dernier, en termes de technique, est toujours à la recherche de plus d'individualisation : « *On tente de faire saisir ce qu'il y a au fond de l'âme de l'individu. "Dis-moi qui tu es", voilà la spiritualité du christianisme.* » Dans le mouvement zen, pour Michel Foucault, ces techniques ont au contraire tendance à faire atténuer l'individualisme.

Un prolongement des exercices spirituels

Le parcours que nous fait effectuer le philosophe français n'est pas simple car il articule différents concepts qui, parfois, semblent paradoxaux, comme l'ascèse et le plaisir, l'esthétisme et l'austérité, le souci de soi et le rapport aux autres, la modernité et l'Antiquité, l'éthique et la morale… Pour autant, l'apport de Foucault est fondamental pour comprendre ce que sont les

---

1. Michel Foucault, « *Michel Foucault et le zen : un séjour dans un temple zen* » in *Dits et écrits II, op. cit.*

exercices spirituels en tant que tels dans l'Antiquité et leurs liens, leurs réceptions, que ce soit avec le christianisme ou avec la modernité. Son travail permet de voir comment ils peuvent prendre sens hors de la philosophie pour s'ancrer dans la pensée et dans l'art, faisant bouger les frontières de l'art en y intégrant l'attitude d'un individu.

Cependant, même si Foucault voit des émanations des exercices spirituels dans la pensée contemporaine, cela n'empêche pas, selon lui, de considérer ceux-ci comme étant anéantis comme manière de vivre depuis Descartes. Pour Foucault, l'auteur du *Discours de la méthode*[1] expose que le rapport à soi n'a plus besoin d'être ascétique pour être un rapport à la vérité. Foucault relève toutefois que cette proposition de Descartes n'a pu se faire qu'au prix de méditations où il a élaboré un rapport de soi à soi. Descartes, montre donc Foucault, fournit un travail ascétique pour atteindre ses vérités. Cette « *esthétique de l'existence* » prendrait donc fin pour Foucault avec Descartes, tout en l'incluant cependant.

Nous préciserons que ce point de vue a fait l'objet d'une discorde avec Pierre Hadot. Pour ce dernier, la philosophie a cessé d'être vécue comme un travail de soi au Moyen Âge quand, dit-il dans « *Un dialogue interrompu avec Michel Foucault* »[2] : « *La philosophie est devenue auxiliaire de la théologie et les exercices spirituels ont été intégrés à la vie chrétienne [...].* » Hadot souligne que Foucault a tort de voir en Descartes le responsable de la rupture car celui-ci a précisément écrit des *Méditations* et que l'évidence ne peut être possible que grâce à un exercice spirituel.

Nous l'avons dit, l'apport de Foucault concernant les exercices spirituels est singulier. Il nous fait perdre nos repères, ne montrant pas une façon d'être, de vivre, de se comporter pour être heureux. Foucault n'est pas dans cette démarche. Il

---

1. René Descartes, *Discours de la méthode*, Flammarion, 2000.
2. Pierre Hadot, *Exercices spirituels et philosophie antique*, *op. cit.*

montre, démontre, observe et explique comment les choses se font, mais il ne conseille ni ne propose. Son plus grand et plus bel intérêt réside dans la modernité qu'il insuffle aux exercices spirituels. Il les dépoussière, en quelque sorte, en injectant de l'esthétique, de l'art, du modernisme, de la littérature... L'« *esthétique de l'existence* », l'observation du dandysme de Baudelaire montrent à quel point les exercices spirituels ne sont pas la chasse gardée de la philosophie antique ; ils peuvent recouvrir une coloration contemporaine, ils peuvent traverser les disciplines, transcender les courants pour venir travailler et agir sur autre chose que l'âme, autre chose que l'être, autre chose que l'individu et toucher l'« âme » de disciplines telles que l'art, par exemple.

Introduction à Descartes et Husserl : la suspension du jugement comme exercice spirituel

Descartes et Husserl sont d'autant plus faciles à rapprocher que Husserl lui-même, de plusieurs siècles son cadet, revendique une certaine filiation. La relation la plus forte entre ces deux philosophes s'articule autour du doute, du questionnement. Toute certitude n'est pas forcément suspecte pour eux, elle l'est uniquement dès lors que l'on a pu la prouver. À l'élaboration de leur philosophie, tout est sujet au doute : que ce soit les sens, les vérités *a priori*, les enseignements officiels, l'environnement, le monde au sens le plus global comprenant également la conscience et l'inconscience.

Descartes et Husserl ont cependant des trajets philosophiques opposés, et s'ils se servent de la même technique, de la même proposition concernant la nécessité de douter, le premier reste ancré dans un carcan religieux quand le second, au contraire, s'abandonne complètement à la philosophie. Le rôle du doute, de l'*épochè* pour prendre un mot plus husserlien, n'aura finalement pas la même implication ; s'il est continuel, permanent chez le philosophe morave, il est furtif, voire fuyant, chez le

Français. Ainsi, et c'est tout le sens de cette confrontation, d'une même base sceptique, deux branches vont émerger et ne cesser de s'éloigner, pour ne plus se ressembler du tout.

Le doute cartésien comme exercice spirituel

Vie et mort de Descartes

La ville où est né Descartes en 1596 porte aujourd'hui son nom : La Haye-Descartes, en Touraine. Il mourra à cinquante-quatre ans, lors d'un voyage en Suède.

Son père est un noble rattaché au parlement de Bretagne comme conseiller du roi ; sa mère, quant à elle, décède un an après sa naissance, et René Descartes est élevé par sa grand-mère. Il fait ses études au célèbre collège des Jésuites qu'il quitte en 1617 – huit années après y être entré – avec un sentiment d'insatisfaction, très critique envers les jésuites sur l'apprentissage, notamment des mathématiques. Descartes, de santé fragile, avait pourtant obtenu un régime de faveur en restant chaque matinée au lit, se contentant de lire et de méditer. Par la suite, il suit une formation en droit et en profite pour s'essayer à la danse, l'escrime et l'équitation.

Il entre alors dans l'armée hollandaise pendant quelques années et voyage à travers le Danemark et l'Allemagne. En 1620, il quitte cette armée et reste à Paris quelques années avant d'aller s'installer en Hollande en 1629, endroit qu'il trouve plus propice à la tranquillité et à l'activité de recherche. Il travaille pendant deux décennies aux fondements de sa philosophie avec une curiosité insatiable de son environnement, se rendant par exemple régulièrement chez le boucher pour observer le découpage des animaux et se faire offrir quelques morceaux qu'il destine à l'anatomie.

S'il apprécie la tranquillité, Descartes ne s'isole pas complètement et affectionne les correspondances qu'il noue avec des personnalités de tous horizons comme la princesse Élisabeth de Bohême, qui a une influence majeure sur son œuvre et à qui les *Principia Philosophiae* sont dédiés, ainsi que *Les Passions de l'âme*[1] qui paraissent en 1649. Il correspond aussi avec la reine Christine de Suède, qui le nomme conseiller spirituel et l'oblige à venir philosopher chez elle dès l'aube. Descartes correspond en outre avec le philosophe français Mersenne, le jésuite Mesland et le philosophe anglais Henry More – correspondances plus philosophiques qui lui permettent d'approfondir ses recherches.

À la fin des années 1630, un de ses ouvrages les plus célèbres, le *Discours de la méthode*[2], est prêt à être publié. Toutefois, face à la condamnation quelques années plus tôt de Galilée, Descartes décide de le publier anonymement. Il avait déjà décidé auparavant de reporter la publication de ses œuvres *Traité du monde*[3] et *Traité de l'homme*[4], par crainte d'être dénoncé d'athéiste. Cette réputation ne sera cependant pas écartée, puisque certains de ses disciples sont accusés d'athéisme et, en 1642, sa philosophie est condamnée par un arrêt du conseil communal. Trois ans plus tard, l'université d'Utrecht interdit tout écrit relevant de Descartes ou de ses disciples. Dans le même temps, à travers toute l'Europe, ses travaux sont déjà diffusés, reproduits, discutés et partagés.

---

1. René Descartes, *Les Passions de l'âme*, Flammarion, 1998.
2. René Descartes, *Discours de la méthode*, *op. cit.*
3. René Descartes, *Traité du monde*, Gallimard, Bibliothèque de la Pléiade, 1953.
4. René Descartes, *Traité de l'homme*, Gallimard, Bibliothèque de la Pléiade, 1953.

Les Méditations métaphysiques, *une expérience philosophique*

La première édition des *Meditationes de prima philosophia* – *Méditations métaphysiques*[1] – est parue en latin en 1641. Il faudra attendre 1647 pour une version française rédigée par Louis Charles d'Albert de Luynes, avec cependant la relecture de Descartes.

Cette œuvre constitue une véritable expérience philosophique à la fois pour Descartes lui-même, qui va par le biais des Méditations réaliser une introspection, mais également pour le lecteur qu'il invite non seulement à lire, mais à expérimenter les Méditations.

Son objectif est de trouver et d'établir des fondements solides à la connaissance. Et cela passe par l'interrogation de ce qui semble vrai, cela passe par le doute. Le doute permet de rejeter toutes les choses qui sont données ou ont été données par habitude, tradition et de façon « naturelle ». Une fois toutes les choses révoquées en doute, il reste une « chose » sur laquelle il n'est pas possible de douter : le moi-pensant qui, dans le même temps, montre son existence ; c'est l'*ego cogito*[2]. Une fois cette première base établie, la construction de la connaissance peut s'effectuer avec la certitude de notre existence.

C'est dans cet ouvrage majeur de toute l'histoire de la philosophie que le doute de Descartes prend effectivement une place fondamentale. Dès la Méditation première, nous comprenons à quelle difficulté le doute est censé répondre : « *Tout ce que j'ai reçu jusqu'à présent pour le plus vrai et assuré, je l'ai appris des sens, ou par les sens : or, j'ai quelquefois éprouvé que ces sens étaient trompeurs, et il est de la prudence de ne se fier jamais entièrement à ceux qui nous ont une fois trompés.* » Le doute de Descartes va donc porter sur les sens, le monde extérieur, les

---

1. René Descartes, *Méditations métaphysiques*, Flammarion, 1992.
2. D'après la fameuse formule de Descartes *cogito ergo sum* : « *Je suis, j'existe.* »

choses sensibles, les effets de l'imagination. Il va même plus loin en montrant l'impossible distinction entre le rêve et la réalité (ce sur quoi nous reviendrons plus tard). Descartes va alors considérer de façon provisoire que toutes les choses sont fausses. Dès lors, proche du scepticisme – sans être celui de Pyrrhon qui ne peut distinguer le vrai du faux –, il va suspendre son jugement afin de trouver ce qui fera disparaître ce doute et lui fera apparaître les choses de façon « *claire et distincte* ». Pour cela, il va s'appuyer sur le *cogito* qui prépare la reconnaissance de l'existence d'un Dieu qui ne peut être trompeur.

La méditation comme exercice

La méditation est un acte de la pensée qui provient d'un sujet pensant. Il faut noter que la méditation, à l'instar de l'exercice spirituel, est un acte et non un résultat. Pour l'un et l'autre, le résultat final n'est pas tant la réflexion apportée en tant que telle, même si l'un et l'autre opèrent vers un résultat définitif.

L'autre point commun que l'on peut constater est que les exercices spirituels et la méditation proposent d'adopter une attitude de conscience en vue de l'acquisition d'un savoir et d'une transformation de soi. Cela est tout à fait significatif pour Descartes, qui déclare qu'il ne comprendrait pas l'affirmation de l'existence de Dieu s'il restait un simple observateur extérieur. Cela signifie que l'homme a clairement besoin d'un travail, d'un engagement, d'une transformation en son moi pour pouvoir accéder à une connaissance, et qu'en n'effectuant pas cette transformation il va demeurer extérieur à la connaissance. La méditation s'assimile alors aux exercices spirituels dont la racine latine *meditari* signifie « s'exercer ».

Cependant, il y a une différence fondamentale entre les exercices spirituels et la méditation. La méditation est en effet intrinsèquement liée au domaine religieux ; elle est une voie de détachement de l'homme du commun pour se tourner exclusivement vers Dieu.

Dans ses *Méditations métaphysiques*[1], Descartes fait le lien entre « exercice » et « méditation », notamment en demandant de passer une journée sur chacune de ses méditations ; il ne faut pas lire son œuvre en une fois, mais bien s'arrêter plusieurs heures au minimum sur chaque méditation. Évoquant ainsi la Méditation première, il explique : « *Je voudrais que les lecteurs n'employassent pas seulement le peu de temps qu'il faut pour la lire, mais quelques mois, ou du moins quelques semaines, à considérer les choses dont elle traite, auparavant que de passer outre ; car ainsi je ne doute point qu'ils ne fissent bien mieux que leur profit de la lecture du reste.* » Descartes offre ici une clef pour la réflexion, un axe de travail, mais pas une solution ni un résultat. Il propose à son lecteur de faire un « travail » de méditation avant d'avancer dans la réflexion, dans la « méditation ».

Cet exercice de méditation que propose Descartes est exigeant. Il doit être répété pour réussir à se détacher de ses habitudes de pensée. Par ailleurs, il doit suivre des règles. La méditation réclame une discipline de l'esprit, elle est une méthode de pensée, de réflexion, et non un vagabondage aléatoire : l'esprit est guidé. Ainsi, dans les *Méditations métaphysiques*[2], le guide est très clair : il existe six Méditations, qui doivent être abordées en six jours, chacune traitant d'un thème spécifique. Pour passer à la méditation suivante, il faut avoir effectué le travail de méditation, de compréhension, de transformation de soi, au risque de ne pas comprendre. L'implication est si nécessaire que Descartes va utiliser la première personne du singulier pour la rédaction du texte. Ce « Je » incitatif doit donner envie au lecteur de commencer les Méditations et de s'impliquer, comme le souligne André Vergez dans son introduction aux *Méditations métaphysiques*[3].

---

1. *Ibid.*
2. *Ibid.*
3. André Vergez, *Méditations métaphysiques*, Nathan, 1999.

Nous avons noté que la méditation comme les exercices spirituels sont importants en tant que pratique, en tant qu'acte, mais qu'ils opèrent toutefois vers un résultat final différent. Pour les exercices spirituels, l'objectif est de mieux vivre, de vivre selon le Bien. Les *Méditations métaphysiques*[1], quant à elles, ont pour objectif d'accéder à la « *connaissance de la vérité* ». Par ailleurs, l'objet de ces Méditations, pour Descartes, est « *de voir si, par les mêmes raisons qui m'ont persuadé, je pourrais aussi en persuader d'autres* ». Autrement dit, plus que des méditations, Descartes a rédigé une sorte de mode d'emploi pour accéder à une vérité. Cette méthode, il la met à disposition pour que d'autres puissent aussi y accéder. Ainsi que Michel Foucault le précise dans « *L'Éthique du souci de soi comme pratique de la liberté* »[2] : « *Les* Méditations *[ont le] même souci spirituel d'accéder à un mode d'être où le doute ne sera plus permis et où enfin on connaîtra.* »

Le doute et le scepticisme

Le doute provient du scepticisme antique, et Descartes l'utilise pour fonder la vérité. Ce doute a pour postulat de considérer toutes les opinions comme fausses et met en question l'existence des choses en lien avec les idées ou les représentations de l'esprit.

Cependant, le doute cartésien n'est pas celui des sceptiques, pour qui il est une conclusion, une finalité. En effet, les sceptiques de l'école pyrrhonienne vont prendre la décision de ne pas trancher, de ne pas décider, de douter en permanence, ce qui n'est pas le cas de Descartes. Pour ce dernier, le doute est un moyen et non une fin ; le doute est une méthode de recherche afin de suspendre une décision, un fait ou une opinion qui semble provisoire, mais dans l'optique de cons-

---

1. René Descartes, *Méditations métaphysiques*, op. cit.
2. Michel Foucault, « *L'Éthique du souci de soi comme pratique de la liberté* » in *Dits et écrits II*, op. cit.

truire la vérité : « *Je m'appliquerai sérieusement et avec liberté à détruire généralement toutes mes anciennes opinions.* »

Ainsi, doute cartésien et doute sceptique, partant d'une même base, deviennent très rapidement différents l'un de l'autre ; leurs usages et leurs finalités ne sont pas similaires. Quand le sceptique Xénophane annonce que « *l'exacte [vérité], aucun homme ne l'a vue, et aucun ne la connaîtra* », Descartes, lui, explique que ses Méditations sont là pour accéder à la vérité.

Le doute cartésien

Nous avons vu en quoi le doute cartésien se distingue nettement du doute sceptique, et cela rapproche d'autant plus le doute de Descartes des exercices spirituels. En effet, en tant que moyen, le doute peut être considéré comme un exercice spirituel dans la mesure où il agit comme premier acte de la méthode. Ce doute doit obligatoirement être activé au début de la méditation, c'est la condition *sine qua non* pour démarrer la méditation. L'émergence de ce doute pousse celui qui médite à s'interroger. S'il est convaincu d'avoir toutes les vérités en sa possession, il ne pourra méditer et ne trouvera aucun intérêt à la méthode cartésienne. Il y a donc une première étape, qui consiste à s'interroger et à douter afin de mettre en suspension tout jugement, toute opinion, toute « vérité » apprise et de se libérer de ses préjugés.

Descartes expose la nécessité du doute en première instance, partant du principe, comme Montaigne, qu'il vaut mieux douter de tout que de croire quelque chose d'incertain : « *Je suppose*, nous dit-il dans la Méditation deuxième, *que toutes les choses que je vois sont fausses ; je me persuade que rien n'a jamais été de tout ce que ma mémoire remplie de mensonges me représente ; je pense n'avoir aucun sens ; je crois que le corps, la figure, l'étendue, le mouvement et le lieu ne sont que des fictions de mon esprit.* »

Cette incertitude doit être si forte que, même dans la pratique du doute en tant que tel, on ne sait à l'avance où il va nous mener. C'est en mettant entre parenthèses ce que nos sens nous proposent de façon spontanée, et en les sachant trompeurs, qu'il sera possible de douter et de commencer la méditation.

Le doute cartésien comme exercice spirituel

Nous avons vu le fondement du doute et les exigences qu'il impose pour pouvoir exister. Cette méthode se rapproche fortement des exercices spirituels de l'Antiquité que nous avons décrits. En effet, le lecteur des *Méditations métaphysiques*[1] ne pourra suivre le développement cartésien et faire lui-même l'expérience de la vérité, que dans la mesure où il aura aussi sérieusement douté. Descartes montre même que si le lecteur de ses Méditations n'est pas convaincu par ses propos, c'est qu'il n'a pas assez douté. Le lecteur est acteur dans la méditation. Descartes n'a pas fondé une méthode applicable, démontrable en soi ; celui qui le lit doit pratiquer le doute pour découvrir à son tour ce que Descartes a découvert.

L'exercice demandé par Descartes au lecteur pour fonder la vérité ne se contente pas de la nécessité de douter ; il demande également à ce que le fil des méditations soit respecté, compris, enregistré en soi. Par exemple, on ne peut pas comprendre son existence en tant qu'être pensant sans être passé par le doute remettant en cause ce principe. Tout comme pour Descartes, il n'est pas possible de comprendre la possibilité de la science sans avoir préalablement expérimenté les preuves de l'existence de Dieu.

La méthode employée se rapproche en outre fortement de la notion d'exercices, dans la mesure où la rédaction des *Méditations métaphysiques*[2] ressemble à une véritable pédagogie ; ce n'est pas qu'une méditation personnelle de René Descartes.

1. René Descartes, *Méditations métaphysiques*, op. cit.
2. *Ibid.*

Cette pédagogie n'a de sens pour lui que si le lecteur peut aisément refaire le chemin parcouru par lui-même. Ainsi, dans les *Secondes Réponses aux objections des « Méditations métaphysiques »*[1], précise-t-il : « *Je n'ai écrit que pour ceux qui voudront [se] donner la peine de méditer avec moi sérieusement et considérer les choses avec attention.* »

La sortie du doute

Nous l'avons vu, le doute cartésien, à la différence de celui des sceptiques, est un moyen, une méthode d'accès à la vérité, mais il ne suffit pas au fondement de la vérité. Ce qui va fonder la vérité, c'est la connaissance de Dieu. Ainsi, dans la Méditation cinquième, Descartes annonce-t-il : « *La certitude et la vérité de toute science dépendent de la seule connaissance du vrai Dieu, en sorte qu'avant que je le connusse je ne pouvais savoir parfaitement aucune autre chose.* » Dieu est la réponse au doute.

Ainsi, pour pouvoir sortir du doute, il faut être certain de la véracité de Dieu et savoir déterminer ce que l'on peut en connaître. C'est pour cette raison que Descartes oblige à suivre ses Méditations les unes après les autres, à les comprendre parfaitement avant de passer à la suivante. C'est notamment parce qu'il faut correctement douter que l'on trouvera l'évidence de Dieu, seul détenteur de la vérité. Lui seul permettra d'« *acquérir une science parfaite touchant une infinité de choses* », précise-t-il dans la Méditation cinquième.

Sur les traces des exercices spirituels antiques au sein des Méditations métaphysiques

Ce texte de Descartes est emprunt à plusieurs reprises d'exercices spirituels de la philosophie antique, comme nous allons le voir à travers quelques passages. Notons qu'outre une

---

1. René Descartes, *Secondes Réponses aux objections des « Méditations métaphysiques »*, Gallimard, Bibliothèque de la Pléiade, 1953.

influence des exercices spirituels antiques, Descartes semble également – au moins pour la forme – s'inspirer des exercices spirituels de Loyola, les six Méditations rappelant les différentes étapes du travail de conversion.

Avant d'aborder le fond de son propos, Descartes écrit en préambule aux *Méditations métaphysiques*[1] une lettre adressée à « *Messieurs les doyens et docteurs de la faculté de théologie de Paris* ». L'objectif de cette lettre est que ces messieurs mettent l'ouvrage sous leur protection. Nous voyons ici un point commun avec Ignace de Loyola, dont les exercices spirituels avaient été pris sous la protection de l'Église. Descartes espère-t-il la même chose qu'Ignace quand il demande cette protection, à savoir que son texte soit élevé au rang de « *sacré* » ?

Cette lettre est intéressante car elle souligne en quoi ce qu'il dit est proche d'un exercice spirituel. En effet, il explique qu'il va montrer « *comment et par quelle voie nous pouvons sans sortir de nous-mêmes, connaître Dieu plus facilement et plus certaine-ment que nous ne connaissons les choses du monde* ». Descartes est ici professoral, il indique la voie, le chemin qui conduit à la connaissance des choses, dont Dieu. Il s'agit d'un exercice permettant d'accéder à cette connaissance « *sans sortir de nous-mêmes* ».

Enfin, avant de commencer son abrégé des six Méditations – un résumé qu'il a écrit et placé avant les Méditations en tant que telles –, Descartes prévient le lecteur : tout le monde ne peut lire cet ouvrage, uniquement « *ceux qui voudront avec moi méditer sérieusement, et qui pourront détacher leur esprit du commerce des sens et le délivrer entièrement de toutes sortes de préjugés [...]* ». Nous percevons déjà dans quel esprit Descartes veut que ses Méditations soient lues : un détachement des sens, un détachement des préjugés, une méditation pour elle-même.

---

1. René Descartes, *Méditations métaphysiques*, *op. cit.*

Méditation première : les choses que l'on peut révoquer en doute

La Méditation première concerne les choses que l'on peut révoquer en doute. Ainsi, le constat de la fausseté de certaines opinions engendre la nécessité de douter aussi de l'existence des objets sensibles.

La Méditation première est l'occasion de mettre en exergue pourquoi, finalement, le doute est nécessaire. Pour s'expliquer, Descartes s'appuie notamment sur le fait que les sens peuvent être trompeurs : « *J'ai quelquefois appris que ces sens étaient trompeurs* », dit-il. Et de prendre l'exemple du rêve qui semble être réalité.

Notons que dans le célèbre *Discours de la méthode*[1], Descartes se donnait déjà pour mot d'ordre : « *Ne recevoir jamais aucune chose pour vraie que je ne la connusse évidemment être telle.* »

Au sein de cette Méditation, la toute première phrase est intéressante en termes de réception des exercices spirituels : « *Il y a déjà quelque temps que je me suis aperçu que, dès mes premières années, j'avais reçu quantité de fausses opinions pour véritables, et que ce que j'ai depuis fondé sur des principes si mal assurés, ne pouvait être que fort douteux et incertain ; de façon qu'il me fallait entreprendre sérieusement une fois en ma vie de me défaire de toutes les opinions que j'avais reçues jusqu'alors en ma créance, et commencer tout de nouveau dès les fondements, si je voulais établir quelque chose de ferme et de constant dans les sciences.* »

Descartes adopte là une méthode que nous aurions pu trouver chez les stoïciens. En effet, il cherche à faire table rase de ses présupposés, afin de refonder sa vision des choses pour qu'elles soient véritables et constantes. Ainsi, continue-t-il plus loin : « *Je suis contraint d'avouer qu'il n'y a rien de tout ce que*

---

1. René Descartes, *Discours de la méthode, op. cit.*

je croyais autrefois être véritable dont je ne puisse en quelque façon douter. » Marc Aurèle, de façon différente, cherche également dans ses *Pensées*[1] à refonder ce qu'il voit par une description minutieuse et objective afin de ne pas être influencé par une première apparence, par une quelconque beauté ou émotion qui viendrait dégrader la vérité.

Méditation deuxième : « Je suis, j'existe. »

La Méditation deuxième s'attarde sur la nature de l'esprit humain et sa faculté de connaissance, contrairement au corps. Cette Méditation montre la prise de conscience d'être une chose qui pense. Au début de cette Méditation, Descartes rappelle ce qu'il a fondé dans la Méditation première, et précise qu'il « *suppose que toutes les choses [qu'il] voit sont fausses* ». Le doute cartésien est alors radical. Ainsi, il s'interroge : « *Qu'est-ce qui pourra être estimé véritable ?* », et répond sans concession : « *Peut-être rien [...], sinon qu'il n'y a rien au monde de certain.* » Cette réponse n'est pas sans évoquer le dogme socratique qui, peut-être, fonde les exercices spirituels : « *Je ne sais qu'une chose, c'est que je ne sais rien.* »

À la suite de ces indications déjà amorcées dans la Méditation première, il va prouver et assurer qu'il est au moins une chose qui pense, annonçant à ce moment la formule célèbre : « *Je suis, j'existe.* » Il explique ainsi que chaque fois qu'il prononce ces mots, cela est nécessairement vrai.

Par ce « *Je suis, j'existe* », Descartes stipule qu'il est une chose qui pense, « *une chose qui doute, qui entend [...], qui affirme [...], qui imagine [...]* ». Descartes se « fonde » peu à peu, pourrait-on dire ; il est une chose qui doute puis qui pense, qui s'aperçoit posséder certaines facultés... Tout cela lui permet d'affirmer : « *Je suis avec un peu plus de clarté et de distinction.* »

---

1. Marc Aurèle, *Pensées pour moi-même, op. cit.*

L'esprit devenant plus évident pour Descartes, ses interrogations vont alors concerner le corps. Toujours dans cette Méditation deuxième, il le considère à travers une description minutieuse : « *Je me considérais premièrement comme ayant un visage, des mains, des bras.* » Cette description prend des allures très stoïciennes. Évoquant son corps, il précise : « *Cette machine composée d'os et de chair telle qu'elle paraît en un cadavre.* » Nous devons de nouveau faire le rapprochement avec l'empereur stoïcien, qui dit du corps qu'il n'est que « *chair [...], sang et os, tissu de nerfs, réseau de veines et d'artères* ».

Méditation troisième : d'où viennent les pensées ?

Cette Méditation s'articule autour de deux thèmes. D'une part, Dieu, l'idée de Dieu et les preuves de son existence et, d'autre part, l'étude des pensées : d'où viennent-elles ? Quel est leur contenu ? Cette Méditation est majeure pour notre propos, car elle est charnière. Jusqu'à celle-ci, nous avons pu noter que Descartes avait une démarche à travers le doute qui se rapprochait des exercices spirituels antiques. À partir de celle-ci, l'approche est différente. Descartes montre en effet les preuves de l'existence de Dieu. Ainsi nous dit-il : « *Je n'aurais pas néanmoins l'idée d'une substance infinie [Dieu], moi qui suis un être fini, si elle n'avait été mise en moi par quelque substance qui fût véritablement infinie.* »

Le problème que pose Descartes, et qui sera résolu par l'existence de Dieu, est celui de l'origine des idées : « *Qu'il puisse arriver qu'une idée donne naissance à une autre idée, cela ne peut pas toutefois être à l'infini [...]. Il faut [...] comme un patron, un original.* » Toute la bâtisse de Descartes, fondée sur le doute, l'interrogation, trouve son aboutissement, sa réponse en l'existence de Dieu, qui balaye l'ensemble des questions. Descartes va conclure que nécessairement il n'est pas seul au monde, qu'il y a quelqu'un à l'origine des idées et qui se trouve être Dieu. Descartes parle de Dieu, en termes de substance, une substance « *infinie, éternelle, immuable, indépendante, toute connaissante, toute-puissante, et par laquelle moi-même et toutes les autres choses qui sont [...] ont été créés et produits ».*

Nous voyons dès cette Méditation troisième la grande différence avec les exercices spirituels antiques. En effet, Descartes, à partir du fondement de Dieu, va complètement reléguer l'homme et ses pensées à une condition immanente, le laissant dépendant de la volonté de Dieu. Alors que les stoïciens voyaient en l'homme la possibilité de fonder la réflexion par l'homme et pour lui-même, Descartes voit en l'homme l'objet de Dieu, sa création. Finalement, si l'homme a des pensées, s'il agit de telle sorte, s'il a telle ou telle réflexion, c'est uniquement parce que Dieu en a décidé ainsi. Dès lors, l'exercice spirituel peut sembler aporétique pour Descartes, car c'est Dieu qui peut lui-même, à son souhait, dans l'esprit de l'homme inclure ces exercices.

Par ailleurs, il est à noter qu'au début de cette Méditation, Descartes semble être sorti du doute par Dieu et à travers le concept des idées claires et distinctes : « *Il me semble que déjà je puis établir pour règle générale que toutes les choses que nous concevons fort clairement et fort distinctement sont toutes vraies.* » Avec ce concept d'idées claires et distinctes, Descartes commence à atteindre son but. Il peut fonder des vérités sur lesquelles s'appuyer pour les sciences. Il est bien évident que c'est, selon lui, Dieu qui lui permet d'établir des idées claires et distinctes, mais dans le seul but scientifique du fondement de la vérité.

L'existence de Dieu étant désormais posée, le doute n'a plus de raison d'être. Dieu possède toutes les perfections, il n'est pas trompeur, c'est lui qui ouvre le monde de la connaissance. Regardons la suite des Méditations qui, dorénavant, par l'omni-présence de Dieu, ne s'interprètent plus du tout de la même façon.

Méditation quatrième : la véracité des choses claires et distinctes

Cette Méditation quatrième consiste de nouveau à prouver que toutes les choses sont vraies dès lors qu'elles sont claires et distinctes, mais aussi à révéler la nature de l'erreur.

Nous avons compris que la Méditation troisième était charnière entre un Descartes qui doute, qui s'appuie sur l'homme, son esprit, sa spiritualité en quête d'une vérité, et un Descartes qui devient dépendant de Dieu, son objet. La Méditation quatrième bascule à présent complètement du côté de Dieu. Au début, Descartes analyse le doute dont il a fait preuve et, fort de sa Méditation précédente, il considère que lorsqu'il doutait, il n'était finalement qu'une « *chose incomplète* ». C'est la considération de Dieu de façon claire et distincte qui lui permet d'exister complètement. Ainsi conclut-il : « *L'existence de Dieu, et que la mienne dépend entièrement de lui en tous les moments de ma vie, que je ne pense pas que l'esprit humain puisse rien connaître avec plus d'évidence.* »

Descartes est ici tout à fait cohérent. L'homme est relayé à la subordination divine, ainsi même le doute qui semblait être fondateur, antérieur, se trouve reclus. L'axe humain qui semblait indétrônable de toute réflexion paraît s'étioler dans la mesure où, finalement, celui qui doute n'est pas « *complet* », il n'est pas tout à fait un homme, du moins pas encore car il a besoin de l'intervention divine pour que ce soit le cas.

La suite de la Méditation est du même ordre : Descartes se détache de la possibilité d'un homme autonome, pensant par lui-même pour trouver l'homme dépendant de Dieu, qui ne peut comprendre le monde sans lui. Ainsi précise-t-il : « *[Je ne dois pas être] étonné si je ne suis pas capable de comprendre pourquoi Dieu fait ce qu'il fait et ce qu'il ne fait pas [et] pour cela douter de son existence [...], car il ne me semble pas que je puisse sans témérité rechercher et entreprendre de découvrir les fins impénétrables de Dieu.* »

Descartes évacue l'homme et ses pensées pour s'en remettre définitivement à Dieu. Le doute n'apparaît bien évidemment plus du tout comme un exercice spirituel. Il n'apparaît que comme élément, comme instrument ayant amené à Dieu, seule possibilité de conduire à la vérité.

Méditation cinquième : la véracité divine comme seul salut possible

L'avant-dernière Méditation est la suite logique de la précédente. Après avoir récapitulé l'ensemble de ses doutes, Descartes conclut que seule la véracité divine peut garantir la valeur des idées claires et distinctes : « *Toute science dépend de la seule connaissance du vrai Dieu, en sorte qu'avant que je le connusse je ne pouvais savoir parfaitement aucune autre chose.* »

Méditation sixième : la révocation du doute

L'ultime Méditation va se concentrer sur ce que l'on peut connaître par les sens, et comment prouver l'existence des objets matériels. Descartes précise qu'il a essayé de distinguer ici l'action de l'entendement de celle de l'imagination ainsi que l'âme du corps.

Au sein de cette Méditation, il va reprendre explicitement une notion utilisée dans les exercices spirituels, qui est la connaissance de soi. En effet, après avoir récapitulé les anciennes croyances et les raisons qu'il a de douter de ses sens, Descartes va déclarer qu'il commence à mieux se « *connaître* » lui-même et ainsi à « *découvrir plus clairement l'auteur de [son] origine* ». La première partie de la phrase fait tout à fait sens avec les exercices des Anciens, où Descartes déclare qu'il se connaît mieux lui-même après ces différentes Méditations. Mais, cependant, cette connaissance de soi ne peut être assimilée à celle des Anciens. Descartes a, certes, fait appel au début à lui-même, à son âme, à son esprit en tant qu'homme, mais pour ensuite s'en détacher et s'en remettre à Dieu pour se « *découvrir* ».

Descartes est convaincu que la connaissance de soi s'effectue par le prisme de Dieu, et cela se confirme en effet, toujours dans cette Méditation sixième, quand il dit de ses opinions que, grâce à Dieu, il a en lui « *les moyens de les connaître avec certitude* ».

Les doutes sont définitivement révoqués et deviennent désormais pour Descartes « *ridicules* ».

Le doute cartésien, un exercice spirituel furtif

Le rapide parcours des *Méditations métaphysiques*[1] que nous venons d'effectuer nous a permis de voir en quoi, dans un premier temps, et spécifiquement dans les Méditations première et deuxième, le doute cartésien pouvait être considéré comme un exercice spirituel proche de celui des Anciens. Cependant, dès la Méditation troisième, nous avons vu que ce doute n'était finalement pas identique, que sa signification avait radicalement évolué et qu'il avait même pour conséquence de rendre l'homme incomplet. Le doute recouvre dès lors un aspect négatif et ne pourra évoluer qu'avec sa propre disparition, grâce à Dieu, qui permettra une véritable existence de l'homme.

Le doute cartésien est donc très clairement un exercice spirituel, mais fugitif, éclair. Il ne s'y apparente que l'espace d'un instant, avant qu'il ne soit confronté à Dieu et soit vidé de son sens, pour finalement disparaître. Cela se note clairement dans les *Méditations métaphysiques*[2], où deux temps sont à distinguer : un premier temps, proche des exercices spirituels antiques, où la pensée de l'homme est respectée ; un second temps où Dieu, mis en exergue, montre la voie et fait l'objet de la méditation. Cette évolution dans l'ouvrage de Descartes est intéressante car

1. René Descartes, *Méditations métaphysiques*, op. cit.
2. *Ibid.*

elle n'est pas sans rappeler ce que nous avons vu dans les définitions du terme « spirituel ». Il y a clairement du spirituel pouvant se rapporter à Dieu, tout comme il y a du spirituel se rapportant uniquement à l'homme, à son esprit, à son âme comme cela pouvait être le cas dans la philosophie antique.

À la lecture des Méditations, l'exercice spirituel qui semblait apparaître au travers du doute n'est résolument pas possible, disparaissant au moment même où Dieu apparaît. L'exercice spirituel semble incompatible avec l'existence de Dieu, celui-ci étant chez Descartes transcendant et à l'origine des hommes et de leurs pensées. Il contrôle non seulement l'âme, l'esprit, mais également l'exercice spirituel mis en œuvre, ainsi que les interrogations, les doutes et les réponses qui émergent de ces exercices. L'exercice spirituel incluant Dieu est une aporie, Dieu ne serait-il qu'un « joueur » ? S'amuserait-il avec les hommes, les regardant se poser des questions dont il connaît les tenants et les aboutissants ? Dieu serait donc malin, trompeur, vicieux et se moquerait d'autrui ?

L'exercice spirituel tel que nous l'avons vu chez les Anciens ne semble pas pouvoir coexister avec un quelconque Dieu. La seule religion potentiellement compatible avec les exercices spirituels semble être la religion de l'homme : croire en lui, le questionner, le contempler, le provoquer, le critiquer aussi, mais toujours le placer au-dessus de toute transcendance.

Cette notion de doute s'avère complexe puisque, tout comme la notion de spirituel, elle peut mener soit à Dieu, soit à l'homme. Et Descartes en révèle les deux aspects au sein d'un même ouvrage. Cependant, il est crucial de montrer une voie où le doute, la suspension de jugement conduit à tout à fait autre chose que Dieu et reste au contraire dans la rigueur de la connaissance. C'est le philosophe Edmund Husserl qui peut nous montrer cette voie.

La phénoménologie d'Edmund Husserl[1]

Nous venons de voir comment Descartes réussit à suspendre son jugement par la mise en œuvre du doute. Cependant, nous avons vu également que celui-ci n'est que passager car, au fur et à mesure de sa méditation, le doute fuit pour laisser place aux certitudes, et notamment à celle de l'existence de Dieu. Cette proposition, consistant à suspendre son jugement, a été reprise par le philosophe Edmund Husserl, et la filiation avec Descartes est complètement assumée puisque ce philosophe parlait lui-même de sa philosophie – la phénoménologie – comme d'un « néocartésianisme ».

Edmund Husserl (1859-1938) est né dans l'actuelle République tchèque, autrefois appelée la Moravie. De formation mathématique, il suivra de nombreux cours de psychologie, notamment ceux de Franz Brentano. Il enseignera à partir de 1916 à l'université de Fribourg, mais seulement une dizaine d'années à cause de son origine juive. C'est l'un de ses disciples qui succédera à sa chaire : Martin Heidegger.

Origine, ambition et enjeux de la phénoménologie

À la question éternelle : « Quels sont les débuts de la philosophie ? », ne pourrions-nous pas répondre qu'elle commence avec l'émergence de la phénoménologie fondée par Husserl ? Cette hypothèse pourrait être considérée au vu des différents attributs de la phénoménologie que nous allons voir, et qui sont notamment de l'ordre de l'étonnement, de l'interrogation, du questionnement du monde, de la description de ce qui nous entoure...

Il va sans dire que l'émergence de la philosophie est bien antérieure à la phénoménologie. Cependant, nous pourrions voir

---

1. Cf. Xavier Pavie, *Exercices spirituels dans la phénoménologie de Husserl*, L'Harmattan, 2009.

l'émergence de celle-ci comme un « re-commencement » de la philosophie, un « re-nouveau », une « re-naissance ». Un « re-commencement » radical, comparable aux révolutions philosophiques tels que le stoïcisme, le cartésianisme ou encore l'idéalisme allemand. Cela corrobore l'ambition que donne Eugen Fink[1] à la phénoménologie, expliquant que le problème central de celle-ci n'est ni plus ni moins l'« *origine du monde* ».

La phénoménologie est montrée régulièrement comme une discipline inédite, qui se présente comme l'étude descriptive de tous les phénomènes qui s'offrent à mon expérience de sujet. Autrement dit, la phénoménologie, c'est le retour à l'expérience du sujet, étayée d'une méthode de description.

Le fondateur de la phénoménologie, Edmund Husserl, est aussi un scientifique, nous l'avons dit, et la démarche phénoménologique qu'il entreprend exige un savoir fondé, solide et rigoureux, qui est notamment retranscrit dans sa célèbre formule du « *retour aux choses mêmes* ». Celle-ci traduit la recherche d'exactitude husserlienne. Ce mot d'ordre du Morave annonce, engage la phénoménologie comme une philosophie de la connaissance. Comprenons ici qu'il ne s'agit pas d'expliquer la connaissance comme un fait dans la nature, mais de comprendre la signification du « connaître ». Ainsi, ce ne sera pas tant de connaître un objet, que l'accès à ce dernier qui sera mis en exergue, tel que le précise Levinas, l'un des tout premiers traducteurs français de Husserl : « *L'accès à l'objet fait partie de l'être de l'objet.* »

Pour percevoir l'essence de la phénoménologie, il est important de voir de quoi s'est nourri Husserl. Outre un parcours scientifique, mathématique, Husserl a suivi, nous l'avons vu, des cours de psychologie, d'abord avec Franz Brentano, à qui il emprunte le concept d'intentionnalité, mais aussi avec le psychologue Carl Stumpf. Les cours de ce dernier intéressent Husserl pour

---

1. Il fut le dernier assistant de Husserl et collabora avec lui jusqu'à sa mort en 1938.

ce qui touche notamment à la perception et l'imagination, ainsi qu'aux fondements introspectifs et expérimentaux de la psychologie. Ce qui transpire chez Husserl de ces cours apparaît dans les *Recherches logiques*[1], qui vont proposer une psychologie descriptive des vécus. C'est cette notion de « vécu » qui fonde finalement le projet husserlien.

Les vécus sont des vécus de perception. Pour Husserl, ils sont à la source de la conscience ; c'est par eux que l'on prend conscience des objets du monde, qu'on peut se les approprier par les sens, leur matérialité, leurs impressions. Pour que le vécu ne demeure qu'interne à la conscience, et donc qu'il puisse accéder à la vérité objective, Husserl montre le lien du vécu avec les objets du monde et en fait émerger les essences.

Ainsi, se joue une articulation entre les objets du monde, leurs vécus dans la conscience et le lien entre le monde et la conscience. Husserl caractérise cette articulation à travers les notions de noème et de noèse. La noèse est une forme subjective qui désigne la connaissance des vécus hylétiques. Le noème est la forme objective de la connaissance, c'est le sens de l'objet dans la conscience suite à la donation. La relation appelée « noético-noématique » est donc cette relation entre la visée des objets du monde et le sens conféré par le vécu dans la conscience. Toutefois, nous verrons que la perception du vécu s'articule sur d'autres caractéristiques comme l'intentionnalité.

De même qu'elle prend pied dans la science, la phénoménologie prend pied dans la psychologie. C'est cette dernière qui permet à Husserl d'analyser, de vivre les vécus et de comprendre leurs articulations dans la conscience. D'ailleurs, il est à noter que Husserl, dans les *Recherches logiques*[2], précise que « *la phénoménologie est psychologie descriptive. Par*

1. Edmund Husserl, *Recherches logiques*, PUF, 1993.
2. *Ibid.*

conséquent, la critique de la connaissance est, pour l'essentiel, psychologie, ou du moins ne doit-elle être édifiée que sur le sol de la psychologie ». Toutefois, c'est uniquement la notion descriptive de la psychologie qui sert la phénoménologie et cela, à l'exclusion de la dimension explicative. C'est aussi ce qui justifie l'utilisation du terme « phénoménologie », plus approprié que l'expression « psychologie descriptive », qui peut induire en erreur.

Au sens premier, la phénoménologie ne semble pas offrir les attributs permettant de la considérer comme un exercice spirituel. La recherche de vérité, l'accès aux « *choses mêmes* », l'analyse des vécus ne semblent pas, en effet, être des éléments évidents pour caractériser cette philosophie d'« exercices spirituels ». De plus, le questionnement de la phénoménologie dans sa préhension du monde, sa demande d'étonnement, son interrogation face aux choses qui nous environnent et qui se donnent, son obsession au sens large de comprendre le monde nous inciterait spontanément à qualifier celle-ci de théorie de la connaissance et non d'exercice spirituel.

Ce en quoi cette philosophie peut être un exercice spirituel réside dans la mise en œuvre de cette phénoménologie. Qui s'étonne ? Qui reçoit le monde ? D'où viennent cette conscience du monde et son analyse des vécus ? C'est nécessairement un travail de l'homme, de son esprit : un travail qui, nous le verrons, ne s'exécute pas, mais s'apprend ; ne s'effectue pas, mais se vit ; n'est pas temporel au même titre que n'importe quelle activité, mais s'exerce sans cesse.

Poser la question de la phénoménologie comme exercice spirituel, c'est poser non seulement que la connaissance des « *choses mêmes* » est un exercice spirituel, mais que pour accéder à cette connaissance, à ce questionnement, il est nécessaire et fondamental de se connaître d'abord soi-même. Autrement dit, c'est se demander comment connaître, en prenant en compte l'appareil de connaissance : l'homme.

La méthode phénoménologique

Comme nous l'avons dit, Husserl lui-même considère la philo-sophie phénoménologique comme un « *néocartésianisme* ». Cette filiation porte sur deux axes majeurs que la phénoméno-logie va traiter : l'établissement d'un questionnement critique sur tout ce qui semble évident, mais aussi la fondation d'un savoir apodictique. Par ailleurs, Husserl, comme Descartes, a une intention de radicalité ; il est en quête d'un commencement pur, originaire.

La science, la psychologie, la philosophie colorent la phénomé-nologie de Husserl. Ce qui va transpirer de son instauration, c'est la rigueur qui s'en dégage, une rigueur qui se traduit par une méthode, des outils, presque des procédures pour que cette phénoménologie s'active.

Le « *retour aux choses mêmes* »

Nous l'avons précisé, le « *retour aux choses mêmes* » est le mot d'ordre de l'appel phénoménologique. Il signifie le retour aux choses originaires. Ce retour n'est pas si évident qu'il n'y paraît, il ne va pas de soi, on ne peut le rejoindre que par un effort long et fastidieux.

Ce « *retour aux choses mêmes* » est annoncé par Husserl dès les *Recherches logiques*[1]. L'expression a besoin d'être expliquée. Le terme « choses » vient ici de l'allemand *Sachen* et signifie le problème, la problématique d'une pensée – contrairement aux choses au sens physique. Ainsi, « retourner aux choses » veut dire faire un retour aux enjeux, aux problématiques, à l'étonne-ment en se défaisant des doctrines et des pensées toutes faites.

Pour ce faire, Husserl s'appuie sur l'intuition ; c'est ici que la pensée prend existence et se nourrit en permanence de l'expé-rience. Un objet, pour Husserl, ne peut être connu que sous

---

1. *Ibid.*

cette forme, que s'il est donné dans une évidence intuitive : « *Toute intuition donatrice originaire*, dit-il, *est une source de droit pour la connaissance ; tout ce qui s'offre à nous dans l'intuition de façon originaire doit simplement être reçu pour ce qu'il se donne.* »

Ce « *retour aux choses mêmes* » va être une épreuve du « bien-voir », ou plus exactement du « mieux-voir », du « exactement voir », du « précisément voir » les choses en face, telles qu'elles se donnent, là où se trouve l'unique source de vérité faisant fi de toute imagination, interprétation ou construction de la pensée. C'est en cela que la phénoménologie est profondément ancrée dans une démarche descriptive. Le phénoménologue s'attachera dès lors à décrire ce qu'il « voit ».

La description relève à elle seule de l'ascèse. Il s'agit de décrire ce que l'on « voit », et uniquement cela – ne pas ajouter ni omettre une dimension, préciser l'ensemble des facettes de ce qui se donne, ne pas adjoindre ou anticiper un paramètre inexistant, par exemple un vécu antérieur. Cette description exige envers soi-même honnêteté et rigueur, même si elle ne peut être parfaite, chacun établissant des liens plus ou moins prononcés selon ses expériences, ses souvenirs et ses témoignages…

Cette exigence de description n'est pas sans difficulté, nous le voyons, et renvoie même à des difficultés bien plus grandes si nous prenons en compte les dimensions du langage. Car, en effet, comment décrire sans un langage parfait ? Comment décrire sans critique, sans argument, sans interprétation ni explication ? Ces questions sont naturellement légitimes. Chacun travaille sa pensée avec ses interprétations, ses arguments, en s'appuyant sur un langage et sans réellement se préoccuper de la pureté descriptive. Cependant, cela a des conséquences sur l'inauthenticité de la vérité décrite, sur la véracité de la donation décrite.

L'exigence husserlienne sera donc d'accéder du mieux possible à cette vérité, telle qu'elle se donne à la conscience, en cherchant à éviter les interférences de l'accès aux choses : jugements, préjugés, *a priori*...

● *« Retour aux choses mêmes »* et stoïcisme

Nous noterons que ce *« retour aux choses mêmes »* fait écho, dans une certaine mesure, à la philosophie stoïcienne et notamment à celle de Marc Aurèle. Nous avons vu comment l'empereur stoïcien s'attelle, dans le cadre de son journal, de ses *Pensées*[1], à montrer le monde de la façon la plus descriptive possible, la plus objective possible, la plus neutre. Dénuées d'émotion, de pathos, les descriptions de Marc Aurèle semblent rechercher une certaine vérité qui se trouve à la limite du mondain.

Il est entendu que c'est auprès de choses physiques ou psychologiques que Marc Aurèle s'exerce à retourner aux « *choses mêmes* », et non aux *Sachen* souhaitées par Husserl. Toutefois, la méthode qu'il emploie n'est pas un simple regard sur ces choses, comme nous l'avons dit, c'est aussi un regard sur ce regard, un regard sur le phénomène mis en place par la chose en question.

L'intentionnalité transcendantale, la conscience a conscience...

L'intentionnalité fait partie des maîtres mots de la phénoménologie. Cette notion est reprise de Brentano et désigne le caractère des phénomènes psychiques. Brentano prend cette dimension d'Aristote dans *De anima*[2] où le Stagirite expose que l'intentionnalité consiste à regarder comme un seul et unique phénomène à la fois sa conscience interne et son objet. Husserl reprend à son compte cette notion, en en changeant toutefois la signification. Pour lui, l'intentionnalité est le fait que

1. Marc Aurèle, *Pensées pour moi-même, op. cit.*
2. Aristote, *De anima*, Flammarion, 1993.

la conscience a conscience de quelque chose. Par exemple, il ne peut y avoir de perception sans objet, ou d'intellection sans intelligible… La conscience est toujours intentionnelle. Soit elle se dirige vers l'objet, soit elle réfléchit sur l'acte ; il n'y a pas deux moments simultanés. La conscience est dans l'objet, ou bien elle lui échappe par l'acte réflexif.

L'intentionnalité est la visée « idéale », l'objet intentionnel de la conscience, celle par qui tout commence, pourrait-on dire, et qui va venir porter la connaissance, la donation et plus précisément encore interroger l'essence.

La singularité de l'intentionnalité est de se porter vers l'extérieur. Au lieu de se regarder, de générer une forme d'introspection, l'intentionnalité force à regarder au-delà de soi, là où la conscience peut se porter. Ainsi, précise Husserl dans les *Méditations cartésiennes*[1] : « *Le mot "intentionnalité" ne signifie rien d'autre que cette particularité foncière et générale qu'a la conscience d'être conscience de quelque chose, de porter, en sa qualité de* cogito, *son* cogitatum[2] *en elle-même.* » Cela montre une première démarcation avec Descartes ; alors que ce dernier s'ancre dans son *cogito*, l'intentionnalité husserlienne s'ouvre au monde. L'intentionnalité phénoménologique intègre en son *cogitatum* l'objet même qui est visé.

Pour comprendre plus en profondeur l'intentionnalité et la mécanique décrites par Husserl en s'appuyant sur Brentano, il est important de nous arrêter sur les vécus intentionnels. Husserl montre que si nous percevons un livre, que nous fermons les yeux, puis que nous les rouvrons, nous continuons

---

1. Edmund Husserl, *Méditations cartésiennes*, Vrin, 2000.
2. Le *cogito*, chez Husserl, est ce qui fonde l'absolu de sa philosophie. C'est le moi transcendantal, le moi pur qui émerge grâce à la réduction phénoménologique. S'il prend le terme à Descartes, il s'en éloigne car, pour le philosophe français, le *cogito* est une pure intentionnalité. Au *cogito* s'adjoignent deux notions importantes chez Husserl : le *cogitatio*, qui est l'acte de penser et le *cogitatum*, qui est l'objet de la pensée. *Cogito, cogitatio* et *cogitatum* s'articulent donc tous les trois, contribuant l'un aux autres dans la pensée phénoménologique husserlienne à des moments différents.

à percevoir ce livre. La perception du livre évolue, mais le livre perçu est indéniablement le même. Il faut donc révéler la différence entre le vécu du livre qui évolue dans le temps et le livre lui-même ; l'objet visé, intentionnel qui, en tant qu'identique, est transcendant au vécu. Contrairement à l'idée que le livre soit autonome du vécu, il est au sein du vécu lui-même. Le premier vécu, le vécu immanent, ne suffit pas à donner l'objet ; la disparition des vécus, des moments de perception, serait celle de l'objet perçu. Se donne alors une unité transcendante à travers la multiplicité de vécus bien évidemment distincts de la perception.

Ainsi, chaque phénomène psychique est lié à un contenu : dans la perception quelque chose est perçu, dans l'imagination quelque chose est imaginé, dans l'amour quelque chose est aimé... Les vécus intentionnels comportent ici la relation à l'objet ; ils possèdent intentionnellement l'objet de façon eidé-tique[1]. L'intentionnalité signifie que l'objet est visé par l'acte. Il est dès lors important de préciser qu'il n'y a pas deux choses dans le vécu, l'objet et le vécu, mais une seule chose : le vécu intentionnel. Il n'y a donc pas de relation objet/vécu, mais le vécu qui entre en relation avec l'objet. Autrement dit, l'objet ne pénètre pas le vécu, mais ce dernier s'ouvre néanmoins à l'objet.

L'intentionnalité est donc l'étape initiale majeure qui montre comment la conscience a conscience de quelque chose, comment se donnent les vécus. Cette étape est toutefois passive pour le phénoménologue qui, en quelque sorte, subit la donation à la conscience. C'est la méthode de la réduction qui va être véritablement la première participation pour le phénoménologue. C'est elle qui fera émerger la vérité de la « chose », tel

---

1. L'eidétique est ce qui concerne l'essence des choses. Cette essence émerge par les variations diverses d'un objet d'où il ressortira des traits communs par l'élimination des contingences. Ce qui restera de commun, le nécessaire est l'essence, l'eidétique.

que Levinas l'explique : « *[la réduction c'est] l'ouverture de ce jeu de l'intentionnalité.* »

- *Une intentionnalité aux accents stoïciens*

L'intentionnalité est une dimension qui peut être rapprochée de la philosophie stoïcienne et de Marc Aurèle. En effet, lorsque celui-ci fait une description, il la fait à travers une visée spécifique. Il vise non pas uniquement l'objet en tant que tel, mais tout autant la conscience de la visée et surtout les conséquences que cela peut engendrer. Ainsi, sa description singulière du sperme, par exemple, souligne à quel point il intègre dans sa visée à la fois ce « *liquide blanchâtre* » et l'impact sur sa conscience de ce liquide blanchâtre qu'il voit. L'intentionnalité de Marc Aurèle montre de façon très pragmatique comment sa conscience a conscience de quelque chose.

La méthode de réduction et l'*épochè* transcendantale

On pourrait considérer la réduction comme la colonne vertébrale de la phénoménologie husserlienne. Elle consiste, suite à l'intentionnalité, une fois l'objet visé, à en retirer l'essence, à accéder à la « chose même ». L'enjeu fondamental de la réduction phénoménologique est de convertir son attitude naturelle, en dépit du fait que l'on sait que cette attitude est naturelle uniquement lorsque l'on a effectué la réduction phénoménologique. Nous reviendrons sur cet aspect.

Le terme « réduction » prend son étymologie dans le latin *reducere*, qui signifie « reconduire », « ramener », ce qui définit bien son rôle, son objectif. La réduction génère l'acte de réflexion, celui-ci engage un mouvement qui, cette fois, n'est plus ouvert sur le monde comme pour l'intentionnalité, mais se recentre sur soi. Ce retour sur soi vient interroger le vécu de l'objet, et non plus la visée comme précédemment dans l'intentionnalité.

Husserl lui-même présente l'acte réflexif « *comme une conversion du regard* », ce qui montre à nouveau comment le phénoménologue doit appréhender la réduction, comment il doit

157

détourner son regard, alors qu'il était intentionnel, qu'il était tourné vers le monde. Il doit à présent être tourné vers soi. Ainsi, cette notion de *convertere* renvoie à « se tourner vers soi » en se détournant du monde.

Ce détournement du regard, qu'offre-t-il au phénoménologue ? Que montre l'accès à ces choses maintenant vécues ? Pour être au plus près de cette vérité recherchée, Husserl cherche un vécu, certes, mais qui n'est pas propre à un individu ; il se doit d'être universel et nécessaire. C'est à travers le concept eidétique du vécu que Husserl va tenter d'accéder à cette universalité. Par-delà les vécus factuels, singuliers, contingents d'individus, il favorise les essences de vécus universaux et nécessaires.

Cette réduction, pour Husserl, est l'acte majeur de la phénoménologie. Il se présente dans les *Méditations cartésiennes*[1] comme un geste dont l'objectif est de donner accès à l'absolu, de faire émerger une théorie de la connaissance, à la recherche d'évidences apodictiques. Ce fameux geste, une fois le regard détourné, débute par l'*épochè*.

L'*épochè* est un terme repris des Anciens, de l'école des sceptiques. Il signifie une mise « hors circuit », une mise « entre parenthèses » et s'applique à la phase de l'instance phénoménologique. Cette mise entre parenthèses, hors circuit comme le précise Husserl, consiste à suspendre son jugement face aux choses qui se donnent. Contrairement à Descartes, il n'y a pas d'invalidité de ce qui se donne, mais une suspension du jugement face à cette chose. Cette suspension a pour conséquence d'interrompre le flux de la pensée, des actions quotidiennes afin de pouvoir convertir le regard ainsi que nous l'avons noté, ou encore réaliser une variation eidétique comme nous le verrons.

---

1. Edmund Husserl, *Méditations cartésiennes*, *op. cit.*

L'*épochè* est une posture, un geste permanent, une activité réflexive quant à la conversion du regard ou la variation eidétique. Parmi les singularités de l'*épochè*, il faut noter son caractère suspensif non seulement de la réalité, de l'existence de l'univers, mais également de son ego naturel. L'*épochè* permet de suspendre l'ego naturel présent dans le monde pour faire jaillir un ego transcendantal « remanié ». Ces points ne sont pas sans faire écho au cartésianisme. À de nombreuses reprises, le doute cartésien est d'ailleurs rapproché de l'*épochè* sans pour autant être vraiment similaire.

- *Le doute et l'*épochè

Le doute cartésien, qui remet en cause toute certitude du monde, est le point d'appui de l'*épochè* husserlienne. Toutefois, le doute n'est pas l'*épochè*. Quand le premier rejette toute vérité accordée aux sens, aux images, l'*épochè* ne fait que mettre ces sens, ces images, le monde entre parenthèses. De plus, nous avions noté que le doute pouvait être un exercice spirituel, mais que celui-ci était furtif, qu'il existait pour mieux en sortir et pour établir une certitude ôtant définitivement le doute. L'*épochè*, quant à elle, n'est pas furtive, bien au contraire ; elle s'établit et demeure dans une remise en cause permanente.

On peut également distinguer l'*épochè* du doute sur la question de l'ego. Le doute permet une remise en cause des sens et des images, mais pas de l'ego, pas de cet *ego cogito* sur lequel toutes les certitudes vont prendre pied. Avec l'*épochè*, l'ego se trouve dans le monde et lui-même se retrouve confronté à cette mise entre parenthèses. La certitude du sujet chez Descartes se désagrège chez Husserl.

Pour conclure sur la différence entre le doute cartésien et l'*épochè* husserlienne, nous proposons de nous arrêter sur les quatre points de distinction exposés par Alexandre Löwit[1]. Premièrement, le doute a une motivation qui lui est extérieure,

---

1. Alexandre Löwit est un sombre traducteur de Husserl.

alors que l'*épochè* est immotivée. Deuxièmement, le doute, nous l'avons vu, est provisoire, quand l'*épochè* est une démarche définitive. Troisièmement, la thèse de l'existence est rendue négative par le doute cartésien, quand l'*épochè* neutralise cette thèse. Enfin, du doute émerge le moi, alors que l'*épochè* inclut ce moi qui est en train de pratiquer l'*épochè*.

• *L'*épochè, *une voie d'accès à la vérité*

L'ambition de l'*épochè* est de reconsidérer toutes les certitudes et autres élaborations mentales ; sa pratique a pour conséquence un retour à l'étonnement naïf, à la première donation de sens. Cette ambition n'est pas sans conséquence sur le moi. Cette posture de l'*épochè* permet une constitution positive du monde comme de mon ego, à la suite de cet étonnement. En tant qu'ego, je suis lié à la réalité mondaine ; le monde n'est pas extérieur à moi. L'*épochè* va permettre la constitution d'un monde dans mon ego transcendantal où il me sera permis d'accéder positivement à une vision transformée, travaillée de la mondanéité sur laquelle je puis être étonné.

La difficulté de l'*épochè* réside dans le fait qu'elle n'est comprise qu'une fois opérée. En effet, dans l'attitude naturelle, dans le mondain, l'*épochè* n'apparaît pas encore comme une évidence ; c'est une fois qu'elle s'effectue qu'elle devient « utile ». Il s'agit donc d'un acte à la fois de motivation et d'anticipation. Motivation quant à démarrer une « activité », mettre en route la mécanique dont la fin est obscure, mais qui, dans le même temps, nécessite une anticipation, un désir de se projeter dans une finalité qui pourtant est inconnue. En s'appuyant sur les travaux d'Eugen Fink, Renaud Barbaras, dans *Introduction à la phénoménologie de Husserl*[1], rapproche le mouvement husserlien de l'*épochè* du mouvement platonicien. Le royaume des ombres de Platon pourrait être assimilé à l'attitude naturelle que Husserl cherche à combattre. L'*épochè* vient agir telle une délivrance,

---

1. Renaud Barbaras, *Introduction à la phénoménologie de Husserl*, Éditions de la transparence, 2008.

montrant ainsi une voie possible d'accès à la vérité, « *aux choses mêmes* » ; elle serait la lumière du fond de la caverne.

● *Le monde post-épochè*

Une fois l'*épochè* effectuée, le phénoménologue se retrouve dans une situation singulière. Il serait d'ailleurs intéressant de s'interroger sur le fait que le phénoménologue averti ne se retrouve pas en permanence face à ce monde réduit qu'il aurait intégré comme un réflexe. Cette situation est plausible, car Husserl précise que, pour le phénoménologue, « *l'existence du monde, fondée sur l'évidence de l'expérience naturelle, ne peut plus être pour nous un fait qui va de soi ; elle n'est plus pour nous elle-même qu'un objet d'affirmation* ». Husserl va même plus loin dans les *Idées directrices*[1], où il expose que l'*épochè* atteint « *une nouvelle région de l'être [...], l'être que nous voulons révéler est ce que nous serons amenés, pour des raisons essentielles, à caractériser comme "purs vécus", comme "conscience pure"* ».

Pour Fink, dans *De la phénoménologie*[2], la réduction « *conduit le sujet philosophant dans la prise de conscience de soi la plus radicale, à travers lui-même, vers la vie de croyance transcendantale [...], dont le monde "est" le corrélat de validité* ». Ainsi, étant donné que la transcendance du monde se trouve neutralisée dans l'*épochè*, et que cette transcendance est retrouvée au sein de la vie et de la conscience, on peut parler de réduction transcendantale. La réduction transcende le monde vers une conscience. Par conséquent, celle-ci ne quitte pas le monde. Elle est transcendée, mais se retrouve réintégrée dans la sphère d'être qui le transcende. Comme le dit Fink : « *Transcender le monde [...] ne conduit pas hors du monde [...] vers un autre monde ; au contraire, la transcendance phénoménologique du*

---

1. Edmund Husserl, *Idées directrices pour une phénoménologie*, Gallimard, 1985.
2. Eugen Fink, *De la phénoménologie*, Éditions de Minuit, 1975.

monde en tant qu'ouverture de la subjectivité transcendantale est simultanément la rétention[1] du monde dans l'univers [...]. »

- Épochè *et capacité d'étonnement*

Cette *épochè*, que nous venons de parcourir et de comprendre, est le point d'orgue de la phénoménologie husserlienne. Elle se trouve correspondre une nouvelle fois avec la philosophie stoïcienne, et spécifiquement avec Marc Aurèle. Ses *Pensées*[2] sont une technique stoïcienne pour se détacher du monde, de son quotidien tout en prenant appui dessus. En quelque sorte, il utilise le mondain pour mieux en sortir.

Très concrètement, il tient son journal, il écrit ses phrases, ses pensées pour s'en souvenir, se les remémorer, les méditer et, d'une certaine manière, s'en dégager en les archivant ainsi. En effet, ses notes permettent de jeter un regard singulier sur la vie, sur cette comédie humaine qu'est la vie et qu'il juge « *banale et éphémère* ». En notant ce qu'il vit, le bon et le moins bon, ses réflexions, il regarde le monde d'« en haut », il cherche à s'en détacher, à s'en défaire, sans pour autant l'ignorer. Marc Aurèle met en quelque sorte son propre monde entre parenthèses pour pouvoir mieux jauger le mondain qui l'entoure.

Par ailleurs, le rôle de l'*épochè* va être, nous l'avons dit, de reconsidérer toutes les certitudes, de les suspendre. Cela a une conséquence fondamentale qui est le retournement, l'ouverture de nouveau possible à la capacité d'étonnement. En cela, la phénoménologie est aussi une « re-naissance » de la philosophie : elle semble permettre ce retour à la faculté humaine de l'étonnement.

Cette capacité d'étonnement qu'offre la phénoménologie est à la base de la philosophie antique avec Socrate en première ligne. Ce dernier, par le biais du dialogue, de l'interrogation, du

---

1. La rétention est ce moment « tout juste passé » comme la qualifie Husserl. Elle sera développée plus bas.
2. Marc Aurèle, *Pensées pour moi-même, op. cit.*

questionnement perpétuel, s'octroie le droit de combattre les certitudes pour se retrouver dans une sensation de première lecture en permanence. Au cours de ses nombreuses conversations avec les Athéniens, Socrate, nous l'avons vu, fait voler en éclats les convictions de chacun pour qu'ils puissent reconsidérer le monde, le rendre « nouveau ».

L'étonnement est également fondamental chez Aristote qui, dans sa *Métaphysique*[1], montre qu'il est nécessaire pour connaître : « *C'est, en effet, l'étonnement qui poussa, comme aujourd'hui, les premiers penseurs aux spéculations philosophiques. Au début, leur étonnement porta sur les difficultés qui se présentaient les premières à l'esprit ; puis, s'avançant ainsi peu à peu, ils étendirent leur exploration à des problèmes plus importants, tels que les phénomènes de la Lune, ceux du Soleil et des étoiles, enfin la genèse de l'univers. Or, apercevoir une difficulté et s'étonner, c'est reconnaître sa propre ignorance [...]. Ainsi donc, si ce fut bien pour échapper à l'ignorance que les premiers philosophes se livrèrent à la philosophie, c'est qu'évidemment ils poursuivaient le savoir en vue de la seule connaissance, et non pour une fin utilitaire.* »

La phénoménologie s'inscrit dans ce cadre de recherche de l'étonnement que l'on trouve dans l'Antiquité, et dans la suspension du monde que l'on trouve chez Marc Aurèle. Cet étonnement, comme chez Aristote ou Socrate, permettra de faire émerger la connaissance, une certaine pureté de la vérité, une certaine essence.

Faire émerger l'essence, un travail de l'esprit

Nous avons vu que la réduction, l'*épochè* amenait le phénoménologue à réaliser une variation eidétique. Mais quelle est cette variation ? À quoi sert-elle ? Comment y accéder ? Comment accéder à cette essence ? Comment la libérer ? Le phénoméno-

---

1. Aristote, *Métaphysique*, Flammarion, 2008.

logue ne peut faire ressortir l'essence, alors qu'il réduit telle ou telle chose, qu'en faisant varier cette chose. Il faut que cette chose ait déjà été vécue ou perçue par lui, lui ait été contée par quelqu'un, rêvé, qu'il l'ait vue dans telle ou telle situation, bref, qu'elle puisse être imaginée… en plus de ses propres vécus. Il ne s'agit pas de généraliser ou de comptabiliser le nombre de fois où cette chose lui est apparue, mais de rechercher dans les multiples confrontations à cette chose la teneur « essentielle » de celle-ci. Autrement dit, l'ensemble des vécus fait émerger des traits similaires par-delà des traits inessentiels ; ces derniers sont évincés au profit des premiers qui vont constituer l'essence de la chose en question. Husserl prend l'exemple de la couleur, qui ne peut exister sans une surface. De fait, l'essence de la couleur est notamment de n'apparaître que sur une surface.

L'essence apparaît chez Husserl comme une structure *a priori*. Sans celle-ci, l'objet ne pourrait pas être ce qu'il est. Cet invariant ou ces invariants sont nécessaires à l'existence de cet objet. Et pourtant, aussi paradoxal que cela puisse paraître, l'essence n'existe pas en-soi, elle n'est pas un objet. Ainsi que le précise Paul Ricœur, Husserl concilie le caractère intuitif de la connaissance de l'essence, de l'eidétique avec le caractère non mondain de l'objet.

Le « *retour aux choses mêmes* » implique le fait d'accéder à ces choses, de les percevoir, de voir les phénomènes et les essences ; que ces choses soient matérielles ou de l'ordre de l'apparition, de l'imagination, qu'elles soient des contenus de conscience ou encore des réalités esthétiques, culturelles… L'objectif du phénoménologue sera d'accéder à ces choses, à ce qu'elles sont, mais pas dans leur donation première, plutôt dans leur essence, dans leur *eidos*[1] comme nous l'avons dit. Les objets, les faits, les événements ne sont que des illustrations où se trouve l'intuition de l'essence. L'essence du phénomène est

---

1. L'*eidos* représente la même chose que l'eidétique.

ce qui se manifeste à travers lui. L'intuition de l'essence, son contenu eidétique va être ce qui permet de vivre la présence profonde de l'objet.

Loin d'être métaphysique, l'essence se présente dans le sensible. Toutefois, son accès n'est possible qu'à travers la variation eidétique, évacuant de la sorte la certitude subjective du sujet. Cette variation est possible grâce à l'imagination, de par son caractère illimité. Cette variation effectuée de façon massive présentera en dernière instance un ou plusieurs invariants qui constitueront l'essence.

L'imagination joue en effet un rôle prépondérant dans l'émergence de l'essence. Dès lors que l'ensemble des différentes expériences ont fait ressortir une première forme d'essence, il s'agit ensuite d'activer la force de l'imagination. Effectivement, il ne s'agit pas, pour faire ressortir l'essence de la plante, de voir physiquement l'ensemble des plantes. L'imagination va permettre un détachement de l'ensemble des expériences tout en maintenant sous tension la recherche de l'essence de la plante. Husserl montre que cette projection imaginaire est possible dans une forme d'*épochè* de la situation dans laquelle le phénoménologue opère. Ce dernier met « hors circuit » la situation qu'il est en train de vivre afin de se transposer dans une situation imaginaire où il pourra dès lors se pencher sur ces « plantes de l'imaginaire » et les confronter avec celles qu'il peut être en train de réduire.

- *L'émergence d'essence, une source à la fois antique et moderne*

L'accès aux « *choses mêmes* » s'effectue notamment à travers l'essence des choses, et c'est la variation des choses qui nous permettra d'accéder à l'essence même de la chose en question, de la chose visée. Cette variation prend la dimension chez Socrate de « multiplicité » des choses, pour faire émerger l'essence, mais sans placer l'essence des choses en dehors du monde, contrairement à ce que fera Platon.

Socrate va s'interroger sur l'essence des choses à travers sa célèbre interrogation : « Qu'est-ce ? » Il cherche la nature, l'essence, l'idée d'une chose, son être. Sa méthode de travail est la fameuse dialectique, qui consiste à commencer par s'intéresser à ce qui est premier, les opinions, pour s'élever plus haut. Socrate agissait de la sorte pour accéder à des définitions universelles : qu'est-ce que le courage ? Qu'est-ce que la justice ? Qu'est-ce que la sagesse ? Il était à la recherche de l'unité parmi la multiplicité des choses ou des actes, qu'ils soient courageux, justes, sages, etc. Platon a nommé ces unités ou essences les « formes » ou les « idées ». Ces « idées » existent bel et bien, de façon séparée ou distincte des choses qu'elles regroupent et auxquelles elles participent.

C'est dans les dialogues de la maturité que Platon présente la forme la plus élaborée de sa « théorie des formes ». C'est aussi là que la dialectique est définie non seulement comme l'art du dialogue, mais comme la seule méthode philosophique appropriée à l'examen de l'essence. Le dialecticien sait en effet conduire la recherche philosophique selon la nature de la chose soumise à l'examen, jusqu'à en dégager l'essence. Mais le dialecticien sait en outre reconnaître les parentés ou les incompatibilités qui existent entre plusieurs « formes » ; car le lieu des « formes » est un lieu organisé et hiérarchisé.

Descartes s'attellera également à déterminer l'essence des choses matérielles et cela, par les idées mathématiques que nous avons en nous. Dans la Méditation sixième, il explique que « *toutes les choses, généralement parlant, qui sont comprises dans l'objet de la géométrie spéculative, s'y retrouvent [dans les choses corporelles] véritablement* ». Toutefois, c'est en vertu de Dieu qui, pour Descartes, est le seul à pouvoir produire les choses que nous pouvons concevoir clairement et distinctement que nous sommes en droit de l'affirmer. Dès lors, ainsi que le précise Michio Kobayashi dans *La Philosophie naturelle de Descartes*[1], une fois la validité objective de la règle de l'évidence acquise, Descartes peut s'assurer de la possibilité d'une physique mathématique et réaffirmer l'essence des choses corporelles comme étendue. La détermination mathématique de l'essence des choses n'est pas la seule voie. La contingence des idées, pour Descartes, nous oblige à ne pas conclure directement sur l'essence de l'existence. Pour cela, Descartes use de la faculté d'imagination qui n'appartient pas nécessairement à la nature de l'homme en tant que puissance de concevoir.

Que ce soit chez les Anciens ou les Modernes, l'émergence d'essence est abordée, comme elle le sera chez Husserl. Il serait trop hâtif de conclure que Descartes, Socrate ou Platon pratiquent un exercice spirituel lors de cette quête d'essence. Néanmoins, tous effectuent un travail de l'esprit pour accéder à ces « idées », ces « choses », ces « formes », ces « essences », au même titre que Husserl. Sans que l'émergence d'essence soit à proprement parler un exercice spirituel, cette pratique semble cependant participer à une recherche singulière, à une visée précise et particulière initiée par l'individu, et travaillée, pensée, méditée par lui. De plus, l'émergence d'essence participe à un tout, à une articulation permettant l'accès à la connaissance des choses, dont soi.

La rétention, ce « tout juste passé »

La notion de rétention émerge dans la phénoménologie quand cette dernière, par le biais de la réduction, de l'*épochè* est confrontée à la notion du temps, à la saisie du temps. L'instant présent est-il statique ou dynamique ? Le maintenant est-il présent ou passé à l'instant où je prononce le mot « maintenant » ? On voit de nouveau, par le biais de ces interrogations, que l'on cherche à se défaire des attitudes classiques

---

1. Michio Kobayashi, *La Philosophie naturelle de Descartes*, Vrin, 2000.

naturelles, que l'on vise à se défaire de la mondanéité. De façon mondaine, le « maintenant » est polymorphe, peu définissable ; il erre dans les usages sans précision ni fonction véritablement déterminée.

Husserl va chercher à résoudre cette question du « maintenant » car, selon lui, le temps est une extension dynamique de la notion de « *présent vivant* ». Celui-ci intègre ce qui vient tout juste de se passer ainsi que ce qui va tout juste se passer. Il est possible de jouir de l'instant présent dans la mesure où celui-ci n'a finalement pas totalement disparu, il est possible de ressentir sa rémanence dans l'immédiatement passé et d'anticiper son immédiatement à venir.

Ce « tout juste passé » est la rétention, ainsi que Husserl la qualifie. L'exemple le plus frappant que Husserl donne dans ses *Leçons pour une phénoménologie de la conscience intime du temps*[1] concerne le son. Cet exemple permet de ressentir le travail opéré par la conscience et la rétention. Une musique est une succession, parfois un chevauchement de notes. Cette succession de notes est « attrapée », « retenue » par la conscience ; ainsi la première note reste dans la conscience jusqu'à la seconde afin que se forme la mélodie, que se succèdent, parfois s'empilent ou s'accumulent les notes. Sans cette rétention, qui ici peut aussi prendre le nom de « trace », nous n'aurions qu'un seul son, qu'une seule note à la fois, et jamais de mélodie. Par ailleurs, le son passe nécessairement, sans quoi nous aurions une accumulation de mélodies qui ne formerait qu'un « brouhaha ». Il faut donc que le son advienne, qu'il y ait une rétention ou une trace et qu'il soit lui-même succédé par un autre. Renaud Barbaras nomme cette spécificité une « *imagination productrice* » parce qu'elle reproduit le contenu de la sensation qui vient de passer en y ajoutant le moment temporel tout juste passé. Le son qui vient de passer

---

1. Edmund Husserl, *Leçons pour une phénoménologie de la conscience intime du temps*, PUF, 1983.

est reproduit comme passé, puis est suivi par un son dans un processus permanent et continu.

Cet exemple du son est intéressant pour comprendre la notion de « donation », y compris pour celle d'un objet. En effet, lorsqu'un son a lieu, il s'écoule dans le temps et j'ai conscience de celui-ci comme un instant présent. À l'arrêt du son, j'ai conscience de ce son en tant que passé, et au fur et à mesure ce son s'obscurcit jusqu'à éventuellement disparaître. Que s'est-il passé pendant ce flux de conscience ? Tout comme un objet qui se serait donné avec des aspects différents, le son s'est donné à travers une série de présents qui se sont succédé. La perception possible est cette accumulation de sens depuis que j'entends la mélodie. Or, phénoménologiquement, seul a été présent le moment actuel du son. L'ensemble de la mélodie ne s'est pas donné en une fois, mais en une succession de donations sur lesquelles est venue opérer la rétention.

Notons que la rétention n'est pas à confondre avec la résonance. Dans ce dernier cas, le son s'estompe, il est encore senti, alors que dans la rétention le son n'est plus présent ; il est remémoré, il vient se donner comme passé.

La rétention n'est pas non plus le ressouvenir, et ne rend pas le passé présent ; elle vient dans la conscience sans pour autant l'occuper. Dans la rétention, le passé est donné en personne, il est perçu, alors que le ressouvenir n'est pas perçu, c'est un passé représenté. Le ressouvenir peut se produire à tout moment et n'est pas la conséquence d'une perception qui vient de se produire comme dans la rétention. De plus, alors que le ressouvenir est libre, la rétention, quant à elle, n'est pas contrôlable ; elle agit sans prévenir.

- *Rétention husserlienne et* Méditations métaphysiques

La rétention, ce « tout juste passé », permet d'avoir à la conscience « ce qui vient d'être avec le présent maintenant ». Cette rétention fait particulièrement écho à Descartes, dans sa manière d'exiger une certaine façon de méditer ses *Méditations métaphysiques*[1]. En effet, il faut que celles-ci soient méditées en six jours, au rythme d'une méditation par jour. Descartes explique ainsi la nécessité du travail de méditation, de compréhension, mais aussi du travail sur soi pour les intégrer. Lors de la lecture, il est fondamental, pour passer d'une méditation à l'autre, que la précédente soit totalement intégrée et reste à l'esprit. En fait, les *Méditations métaphysiques*[2] de Descartes forment un seul et même ensemble. Cet ensemble est décomposé, mais se doit de faire un seul bloc dans un même moment. Et c'est en cela qu'il semble y avoir des similitudes avec les prémisses de la rétention. La lecture de la Méditation deuxième s'effectue tout en ayant à l'esprit la première, et ainsi de suite : la troisième en ayant « retenu » la première et la deuxième, etc. Tel le son husserlien, les Méditations forment une mélodie composée de six notes, chacune étant une Méditation.

La méthode phénoménologique comme exercice spirituel

Cette grande philosophie du XXe siècle qu'est la phénoménologie a influencé toute la philosophie contemporaine d'Heidegger à Sartre, de Merleau-Ponty à Derrida. Elle n'a pas été présentée par son fondateur Husserl comme un exercice spirituel ou philosophique. Toutefois, on note aisément en quoi elle semble tout à fait correspondre à un exercice spirituel en proposant, si ce n'est une méthode expliquant comment mieux vivre, du moins une méthode montrant comment appréhender le monde qui nous entoure, le monde environnant. Comme Husserl, rares sont les philosophes qui emploient à proprement parler l'expression d'exercice spirituel à propos de leurs idées et théories. Il est à se demander si ce n'est pas par peur d'émettre un pléonasme, hypothéquant que philosopher est déjà en soi un exercice spirituel.

---

1. René Descartes, *Méditations métaphysiques*, *op. cit.*
2. *Ibid.*

Appeler de ses vœux un « *retour aux choses mêmes* », chercher à s'approcher de l'essence des choses, demander de suspendre son jugement : pas de doute, la phénoménologie est un exercice spirituel. Moins pragmatique que la philosophie antique, elle est peut-être aussi moins prétentieuse ; elle montre à l'individu comment se donnent les phénomènes, comment la conscience perçoit l'environnement, laissant cependant à l'individu le soin de choisir la méthode, d'exercer sa vie sur les bases de cette compréhension du monde. La phénoménologie montre à l'homme qu'il doit se démontrer.

Au-delà de la méthode phénoménologique à proprement parler, que l'on peut lire comme un exercice spirituel, s'immerger dans la phénoménologie comme nous venons de le faire relève également de l'exercice spirituel. L'approche de cette philosophie n'est pas évidente. Nous avons vu la méthode, les enjeux, les articulations. Cette méthode et cette compréhension, cette assimilation pour rendre effective la phénoménologie relève de l'ascèse, de la pensée, de la réflexion et dépasse largement le strict cadre de la lecture de ce texte. Il s'agit, à l'abord d'un texte phénoménologique, de se laisser porter par lui, y compris par les incompréhensions à la première lecture. Il s'agit de le laisser venir en soi, de le méditer, de le laisser de côté, de vivre son quotidien pour y revenir ensuite, pour cette fois l'assimiler complètement. Le parcours que nous venons d'effectuer ensemble est un premier pas vers l'exercice spirituel phénoménologique. Rigueur, ascèse, lecture, méditation, exercice face aux phénomènes qui sont en face de nous puis assimilation sont les clefs de la phénoménologie, qui se retranscrit dans l'intentionnalité, la réduction et l'*épochè*, l'émergence d'essence et la rétention.

Dans une lettre à l'un de ses disciples, Husserl montre que l'art philosophique est infini. Il considère que face à la tâche philosophique, on est « *toujours un débutant et un enfant, quelle que soit la durée de la vie* ». Pour tenter de s'y atteler, Husserl conseille de prendre courage, d'entraîner sa volonté d'« *être à bâtir en soi-même* ». Le Morave associe le travail de la philosophie au travail sur soi, au travail sur l'homme. Ainsi, précise-t-il : « *La lutte avec soi-même et pour soi-même, c'est cela qui fait l'homme vrai et tout particulièrement, dans la sphère intellectuelle, le vrai philosophe.* » C'est avec les propres mots du fondateur de la phénoménologie que l'on peut comprendre celle-ci, que l'on peut comprendre l'importance du travail philosophique qui, dans le même temps, permet un travail sur soi.

Henry David Thoreau, une vie simple comme fondement d'exercices spirituels

Thoreau, « le Diogène américain »

Henry David Thoreau est peut-être la figure la plus récente et la plus représentative des exercices spirituels contemporains donnant un écho sans faille ni artifice à la philosophie antique. Tant d'un point de vue théorique que pratique, Thoreau est un philosophe au sens le plus pur qui soit, et sa relative absence d'études est d'autant plus marquante.

La notoriété d'Henry David Thoreau est en effet relativement faible, si on la compare à celle des philosophes que nous venons de voir. Rattrapé par des mouvements écologistes – souvent extrémistes –, il est peu étudié comme un véritable penseur, un véritable philosophe. L'absence de doctrine, de concept ou de théorie proprement philosophique l'a injustement écarté de ces carcans. Souvent surnommé « le Diogène américain », Thoreau a passé sa vie à combattre les habitudes mondaines, à s'opposer quand il le fallait aux pensées politiquement correctes, même lorsque cela lui valut des difficultés avec les autorités.

Il est né en 1817 dans le Massachusetts. Quand il meurt, en 1862, on le qualifie de philosophe, de mémorialiste, de poète ou encore d'essayiste. À l'âge de onze ans, il apprend le grec, le latin et le français dans la ville de Concord où il est né, et où il passe quasiment toute sa vie. Il entre à la prestigieuse université de Harvard en 1833 pour étudier la philosophie et les sciences. Il y fait la rencontre de celui qui deviendra son « maître », Ralph Waldo Emerson, qui l'initiera au transcendantalisme. Ce dernier l'incite à tenir un journal, ce qu'il fera toute sa vie et ce, jusqu'à quelques mois avant sa mort. À l'instar de Marc Aurèle, il y inscrit ses observations, ses critiques, il s'observe lui-même également ; à l'instar d'un Montaigne, il note aussi ses questionnements et interrogations tel qu'on peut le lire dès la première phrase de son journal, s'adressant à lui-même : « *Qu'est-ce que tu fais maintenant ?* » Une fois diplômé de Harvard, il devient professeur dans une école primaire, mais cette expérience ne dure qu'une semaine puisqu'il démissionne, refusant d'appliquer les châtiments corporels aux élèves. Il ouvrira pendant quelque temps sa propre école avec l'aide de son frère John.

À partir de 1841 et pendant quatre années, Thoreau multiplie les petites expériences en collaborant à la revue transcendantale *The Dial*, en devenant le tuteur des enfants d'Emerson. Il quitte même sa région natale pour celle de New York, où il rencontre notamment Horace Greeley, le fondateur du *New York Tribune*, qui l'aidera à publier certains travaux. Trop attaché à Concord, il s'en retourne en 1844 pour travailler dans l'usine familiale de crayons.

Bienveillant à l'égard de Thoreau et l'incitant toujours plus à la réflexion et à l'écriture, Emerson achète un terrain autour de l'étang de Walden, afin que son ami puisse se retirer au calme pour écrire. C'est à partir de ce moment que la vie d'Henry David Thoreau prend une dimension véritablement singulière. En mars 1845, il commence à construire une cabane de pin sur les rives de l'étang. Il y passe sa première nuit le 4 juillet de la même année. Il veut vivre de la façon la plus simple possible, seul, dans les bois. Il ne se coupe toutefois pas du monde qu'il respecte et côtoie quelques personnes régulièrement. Il reçoit ses amis, il va de temps à autre en ville, et il correspond beaucoup par courrier. Cette expérience de vie au cœur de la forêt durera deux ans. Thoreau en tirera un livre intitulé *Walden*[1].

Les quinze dernières années de sa vie seront consacrées à des conférences qu'il donne notamment sur les droits et les devoirs de l'individu à l'égard du gouvernement, à l'écriture d'essais plus ou moins en lien avec ses conférences – comme c'est le cas pour son célèbre texte *La Désobéissance civile*[2] par exemple –, mais aussi à la lutte contre l'esclavagisme. Il s'engagera beaucoup pour cette cause, publiant de nombreux travaux sur le sujet et n'hésitant pas à aider des esclaves dans leur fuite vers le Canada en 1853.

La tuberculose, contractée en 1835, a toujours été présente dans sa vie de façon plus ou moins douloureuse. En 1859, à l'occasion d'une mauvaise bronchite, il tombe gravement malade. Pendant trois années, il s'affaiblira, au point de devoir arrêter l'écriture de son journal. Sa façon posée et sage d'accueillir la mort qu'il sent venir fascine ses amis. Il s'éteint le 6 mai 1862 à l'âge de quarante-quatre ans.

La pensée de Thoreau, sur laquelle nous allons nous arrêter maintenant, a eu une influence considérable, de Martin Luther King à Marcel Proust, d'Ernest Hemingway à Léon Tolstoï, de Gandhi à John Fitzgerald Kennedy. En effet, de nombreux penseurs, politiques, poètes et écrivains ont établi leurs réflexions en se référant pour tout ou partie à sa pensée.

Cette pensée s'élabore, si l'on peut dire, selon un seul principe qui fait écho à l'un de ses textes : ne pas avoir de principe. Que ce soit dans un sens civique, politique, sociétal ou relevant de la sphère intime, les principes ne valent que s'ils sont bons

---

1. Henry David Thoreau, *Walden ou La vie dans les bois*, Gallimard, 1990.
2. Henry David Thoreau, *La Désobéissance civile*, Mille et une nuits, 1997.

pour l'homme, pour soi. Dans le cas contraire, pour Thoreau, nous sommes tout à fait en droit de nous opposer aux principes que nous dictent l'autorité, le gouvernement, les traditions…

En conséquence, on pourra voir une similitude avec les exercices spirituels s'établir à plusieurs reprises : face aux autorités, au gouvernement, aux concitoyens, comme face à soi-même. Il travaille en effet véritablement sur lui, sur son âme, sur son esprit. En cela, son départ pour Walden est particulièrement représentatif. Il y va pour méditer, pour écrire, pour s'essayer à la vie sans tout le confort, sans tout le superflu offert par la société. Il va montrer en quoi l'homme n'est plus lui-même dans la vie moderne, qu'il devient un autre par les aspects matériels qui l'entourent. En établissant sa cabane au cœur de la forêt, au cœur de la nature, il fuit ce qui n'est pas nécessaire pour uniquement se consacrer et vivre de ce qui, justement, est nécessaire. Ainsi que pouvaient l'entendre les philosophes antiques, il tire de cette expérience que nous avons tous à travailler sur nous, sur notre âme et sur notre esprit : « *Nous sommes tous sculpteurs et peintres, et nos matériaux sont notre chair, notre sang, nos os.* » L'homme est une masse d'argile, nous dit-il ; il s'agit de la façonner du mieux possible.

Richesse, luxe, héritage : les ingrédients nuisibles à l'homme

Pour Thoreau, seule la richesse intérieure est digne d'intérêt. C'est la seule voie possible pour que l'homme puisse vivre sans corruption. Une corruption de son âme, de son esprit, de ce pour quoi il vit. La richesse matérielle est condamnable pour lui, d'autant plus si elle provient d'un héritage. Sans travail, sans pensée, sans réflexion, acquérir un bien par transmission est ce qu'il y a de plus nuisible à l'homme. Les hommes ne connaissent dans ce cas rien des valeurs de ce pour quoi ils sont nés. De ceux qui héritent de fermes, de maisons, de granges et de bétail à l'époque de Thoreau, mieux valu, dit-il, qu'ils soient nés « *en plein herbage et se trouver allaités par une louve, afin d'embrasser d'un œil plus clair le champ dans lequel ils étaient appelés à travailler* ».

L'héritage n'est pas uniquement matériel, c'est aussi celui du savoir et de la transmission de la pensée des Anciens. Thoreau se singularise également sur cet héritage en exprimant clairement que « *les vieux n'ont pas de conseil important à donner aux jeunes, tant a été partiale leur propre expérience, tant leur existence a été une triste erreur, pour de particuliers motifs, suivant ce qu'ils doivent croire ; et il se peut qu'il leur soit resté quelque foi capable de démentir cette expérience, seulement ils sont moins jeunes qu'ils n'étaient* ». Ou encore : « *Ce que les vieilles gens disent que vous ne pouvez faire, l'essayant vous vous apercevez que vous le pouvez fort bien. Aux vieilles gens les vieux gestes, aux nouveaux venus les gestes nouveaux.* » Pour Thoreau, chaque enfant recommence le monde ; poussé par son instinct, il joue à s'inventer un monde, à devenir un autre : un cheval, un héros, un soldat, allant jusqu'à s'oublier sous la pluie ou le froid. L'enfant sait vivre pleinement son existence sans besoin d'un adulte ; il vit son monde, il est son monde.

Il n'y a chez Thoreau pas tant une croyance en la nature humaine qu'une croyance en l'homme en tant qu'individu. C'est à chacun d'établir son propre parcours, à chacun d'établir sa propre vie en se défaisant des préjugés, des héritages, des traditions. Sa proposition consiste en quelque sorte en la redistribution des cartes de l'individu humain à sa naissance. Il n'y a pas de bonnes ou de mauvaises naissances ; il y a la naissance au sein de la sphère naturelle où tout un chacun apparaît, doté de certains attributs qui lui permettront de s'épanouir pendant l'espace de sa vie. Ce qui est important pour Thoreau, c'est de vivre ; c'est la seule nécessité. Au vu de ce principe apparaissent nombre de choses superflues et inutiles. Un vêtement, par exemple, est utile pour retenir la chaleur, mais avoir trop de vêtements sur soi ne peut être que nuisible : la chaleur externe, explique-t-il, devient plus grande que la chaleur interne et, fina lement, nous ne faisons que nous cuisiner nous-mêmes avec ce combustible réalisé par le surplus de vêtements. Autrement dit, les « *luxueusement riches ne se contentent pas de se tenir confortablement chauds, mais [...] se font cuire* ». Ce luxe d'apparat est un ersatz permettant les classifications sociales pour Thoreau, au point de se demander si les hommes auraient la même stature sociale s'ils étaient dépouillés de leurs vêtements. En quelque sorte, il juge la société dans laquelle il vit et considère que l'habit fait le moine, mais qu'en plus celui qui est déguisé en moine peut être pris à son propre piège et se croire moine.

Les vêtements sont condamnables, car ils sont une représentation de l'homme au lieu d'être l'homme qui les porte. Ainsi prévient-il de prendre garde à une entreprise qui réclamerait le « *port de vêtements neufs* » plutôt que de demander un « *porteur de vêtements neuf* » : « *Si l'homme n'est pas neuf, comment faire aller les habits neufs ?* » C'est l'homme qu'il faut changer, et il faut qu'il se change lui-même. Il ne s'agit pas de ne pas se procurer de nouveaux vêtements, de nouveaux costumes, mais il faut se procurer un nouvel état d'esprit de façon à se sentir, y compris dans les habits anciens, un homme nouveau.

Il s'agit donc de se vêtir de la façon la plus simple, la plus utile qui soit. Une chemise sans fantaisie ou un équivalent est amplement suffisant et peut s'acquérir à des prix abordables pour tout un chacun. Un culte absurde est rendu à la mode, prévient Thoreau, un culte où une génération rit des anciennes modes tout en suivant avec une fidélité rigoureuse les nouvelles.

Non seulement le luxe n'est pas source de bien-être, mais il est un frein au développement de l'espèce humaine. Thoreau montre que tous les sages, tous les philosophes dignes de ce nom ont mené une vie des plus simples, des plus ascétiques. Le luxe qu'il condamne ne concerne pas uniquement les éléments matériels. La philosophie, par exemple, peut tomber dans ce travers. Thoreau le souligne avec cette célèbre phrase toujours d'actualité : « *Il y a de nos jours des professeurs de philo-sophie, mais pas de philosophes.* » Il explique son propos, qui n'est pas sans faire sens avec les exercices spirituels de la philosophie antique que nous avons vus : « *Être philosophe ne consiste pas simplement à avoir de subtiles pensées, ni même à fonder une école, mais à chérir la sagesse pour mener une vie conforme à ses préceptes, une vie de simplicité, d'indépendance, de magnanimité et de confiance. Cela consiste à résoudre quelques-uns des problèmes de la vie, non pas en théorie, mais en pratique.* » Le philosophe est, pour Thoreau, le guide, l'éclaireur de la vie, le visionnaire (il est en avance sur ses contemporains). Dans les idées comme dans la vie quotidienne, le philosophe est systématiquement en décalage avec ses concitoyens, que ce soit dans la façon de se nourrir, de s'habiller, de se loger, de penser…

Autorité et gouvernement : les acteurs oppressifs de l'homme

Thoreau n'a jamais eu d'excellents rapports avec l'autorité, avec les représentants du gouvernement. Il le montre dans ses actes, mais aussi dans ses écrits, notamment au travers de *La Désobéissance civile*[1]. Ce court texte, publié dans une revue en 1849, est devenu la référence majeure de tout combat militant à l'encontre des pouvoirs. La première phrase résume en quelque sorte l'ensemble de la pensée : « *Le gouvernement le meilleur est celui qui gouverne le moins* », voire qui ne gouverne pas du tout, ajoute-t-il plus loin.

Les institutions gouvernementales sont, selon lui, non seulement inutiles, mais peuvent être nuisibles. Un gouvernement n'est qu'un groupe restreint d'individus se servant de leur pouvoir comme outil. Thoreau prend l'exemple de la guerre du

---

1. *Ibid.*

Mexique, seulement décidée par le gouvernement, jamais par les individus américains. À quoi bon la conscience individuelle, puisqu'on demande au citoyen d'abdiquer sa conscience au législateur ? Thoreau ne se revendique pas anarchiste. Au contraire, il considère qu'il peut y avoir un gouvernement, mais un « *meilleur* » gouvernement, qui ne décide pas en fonction d'un certain bien ou d'un certain mal, mais en conscience – plus exactement, la conscience de l'individu dont il faut respecter et avoir à l'esprit l'indépendance naturelle, ainsi que la supériorité de celle-ci sur celle du gouvernement.

Thoreau souligne les aspects perfides du gouvernement et du pouvoir, ce que Foucault analysera dans le même esprit près d'un siècle plus tard. Il montre que le peuple, les hommes sont serviteurs de l'État, en laissant employer leurs corps comme des machines. L'armée, la milice, les geôliers, les gendarmes, la force publique, tout cela n'est pas le gouvernement, mais des instruments du gouvernement. Quel libre arbitre ont ces individus ? Où se trouvent leurs jugements ? leur morale ? Sans interrogation, sans rébellion, en acceptant les ordres quels qu'ils soient du gouvernement, les citoyens se font complices du pouvoir.

Si Thoreau s'insurge contre la guerre du Mexique, il s'élève encore plus contre l'esclavage. À travers des conférences, des ouvrages, mais aussi en se rendant complice d'évasions d'esclaves vers le Canada, Thoreau théorise et passe à l'action. Il se révolte et incite à la révolte contre le gouvernement, un gouvernement qu'il ne reconnaît pas, qui est, selon lui, complice de l'organisation de l'esclavagisme. Comment, s'interroge-t-il, une nation comme l'Amérique peut-elle se prétendre espace de liberté quand un sixième de la population est composé d'esclaves ? Outre ses actions envers les esclaves, pour montrer son opposition au gouvernement, Thoreau décide de ne plus payer ses impôts, s'attirant de fait les foudres de l'autorité publique. Alors qu'il vit dans sa cabane en forêt de Walden, il se rend un jour chez le cordonnier de la ville et, en chemin, se fait arrêter par les pouvoirs publics et se fait mettre en prison pour non-acquittement de l'impôt pendant six années. Thoreau reconnaît les faits, mais s'obstine à ne pas payer un gouvernement qui part arbitrairement en guerre et qui soumet des êtres humains. Il sera libéré grâce à un ami qui payera pour lui la caution et se retrouvera libre le jour suivant.

Pour Thoreau, il s'agit de se méfier, de ne pas se rendre dépendant de l'État, mais que l'État dépende de nous. Sachons vivre sans argent, nous n'aurons pas à lui en donner ; cessons tous de payer nos impôts, il entendra nécessairement les messages du peuple : voilà les conseils du Diogène américain.

Le gouvernement est pour lui d'autant plus illégitime qu'il ne reconnaît pas le vote, une sorte de jeu habillé de morale, où se trouveraient d'un côté le bien et de l'autre le mal. « *Voter pour ce qui est juste, ce n'est rien faire pour la justice* », expose-t-il. On retrouvera, à quelques nuances près, cette même position chez Jean-Paul Sartre. Le vote n'est pas une action, c'est l'ersatz d'une action, c'est une lâcheté. Car le vote d'un individu offre à quelqu'un – un parti, un individu, un syndicat… – la possibilité d'action sous couvert de réalisation de promesses. Si celles-ci ne sont pas tenues, celui qui a voté manifestera de l'hostilité envers l'élu. Une hostilité qu'il estimera légitime puisqu'il avait offert son vote. Le vote est fait par des lâches à destination de manipulateurs. Thoreau s'en écarte avec grande prudence en montrant que « *le sage n'abandonne pas la justice aux caprices du hasard* ». La majorité ne peut constituer la démocratie et la sagesse puisqu'elle peut être dans l'erreur ; un homme qui a raison contre la majorité est, de fait, majoritaire d'une voix devant la vérité.

La nature pour religion

De l'abri à la maison

Nous avons vu ce que pense Thoreau du vêtement et de ce qu'il peut représenter socialement. Thoreau explique que ce qui est valable pour un vêtement l'est également pour une maison ; fort de son expérience dans les bois de Walden, il montre ce qui est important – les murs et le toit – pour vivre protégé.

Dans les bois comme dans tout état sauvage, chaque foyer possède de quoi se protéger, et cela est bien amplement suffisant pour satisfaire ses besoins les plus élémentaires. Et pourtant, s'étonne Thoreau, alors que l'ensemble des espèces animales ont leur propre habitation – les renards ont leurs tanières, les oiseaux leurs nids –, l'ensemble de l'espèce humaine ne possède pas un abri qui lui est propre. Bon nombre d'individus, en effet, ne possèdent pas de refuge, élément de base à la survie de toute espèce animale.

Cette situation tient au fait, selon Thoreau, que les hommes ne cherchent pas tant à se fabriquer un abri qu'à posséder une maison. En d'autres termes, entre vivre sans toit ou posséder une maison, il n'existerait pas d'alternative possible… Cette fascination pour la possession d'un lieu d'habitation pourvu d'un grand confort montre que les hommes changent la fonction de la maison au point, non plus de la posséder, mais, précise-t-il, que l'habitant lui-même est possédé par la maison. La fonction de la maison évolue. Elle n'a plus pour but principal de protéger, elle devient un faire-valoir de la réussite matérielle par rapport au voisin ou aux amis. Le confort dont elle dispose, son architecture, le travail de ses pierres ou de ses bois révèlent la richesse obtenue. Thoreau s'insurge contre tout ce temps passé à perfectionner ces maisons, et regrette qu'il ne soit pas préférablement employé à perfectionner les hommes qui les habitent. Il condamne d'ailleurs férocement les pyramides égyptiennes car, selon lui, la seule chose qui vaille la peine d'être soulignée dans cet ensemble, c'est d'avoir pu trouver autant d'hommes assez soumis pour passer leur vie à ériger une tombe « *destinée à quelque imbécile ambitieux* ».

Dans le même esprit, Thoreau montre que pour décorer correctement une maison, il faut préalablement mettre à nu les murs, puis poser les fondements. De même, l'existence de l'homme doit être mise à nu avant de pouvoir y poser les fondements constitutifs d'une belle vie.

Pour l'habitant de Walden, si les hommes construisaient leurs propres maisons comme les oiseaux leurs nids et les renards leurs tanières, et si, d'autre part, ils savaient se procurer par eux-mêmes la nourriture nécessaire pour leur famille, alors vraisemblablement atteindraient-ils l'universalité poétique permettant une vie harmonieuse. Au lieu de cela, les hommes agissent tel le coucou ou l'étourneau ; ils pondent des œufs dans les nids des autres oiseaux et, au lieu de croître, ne font qu'amoindrir leur capacité créatrice.

La nature, source de l'existence

Être au plus proche de la nature tel que les premiers hommes le furent, voilà ce que propose Thoreau, qui souligne que la simplicité, la nudité des individus des temps primitifs avaient l'énorme avantage de montrer, d'une part, qu'ils faisaient partie intégrante de la nature et, d'autre part, que leur vie sur terre était éphémère. L'homme qui errait de vallée en vallée, de plaine en plaine, de montagne en montagne a aujourd'hui tout à fait disparu, au profit d' « *hommes devenus les outils de leurs outils !* », annonce Thoreau. Et d'ajouter : « *L'homme, qui en toute indépendance cueillait les fruits lorsqu'il avait faim, est devenu un fermier ; et celui qui, debout sous un arbre en faisait son abri, un maître de maison. Nous ne campons plus aujourd'hui pour une nuit mais, nous étant fixés sur la terre, avons oublié le ciel. Nous avons adopté le christianisme simplement comme méthode perfectionnée d'agriculture.* »

En vivant dans les bois, Thoreau cherche à se rendre proche des actes essentiels de la vie, et considère que la vie ne peut être enseignée que là où elle est la plus pure, c'est-à-dire au plus près de la nature. Il repense la façon idéale de vivre. « *Simplicité, simplicité, simplicité, simplifiez, simplifiez* », exhorte-t-il. Cette nécessité de simplicité doit se retrouver y compris dans le fait de se nourrir. À quoi bon prendre trois repas ?, demande-t-il. Il est nécessaire de n'en prendre qu'un par jour pour vivre. La simplicité doit se faire tout autant dans la boisson, où seule l'eau est acceptable. À quoi bon multiplier les variétés de plats ? Quelques-uns suffisent, en excluant toute nourriture animale. Triste destinée humaine, selon lui, que de faire des animaux la proie de la satisfaction alimentaire. Poussant à l'extrême ses convictions, Thoreau va jusqu'à établir un lien direct entre les facultés élevées de l'homme et sa capacité à s'abstenir de nourriture carnassière.

La vie nous habitue à prendre tel ou tel repas, à manger tel ou tel aliment. Il s'agit de repenser ces habitudes souvent inutiles, souvent irréfléchies, ces traditions qui ne font qu'accroître les besoins matériels de l'homme sans songer à son esprit. Casser les habitudes est aussi l'objectif de ce départ en forêt, que ce soit pour l'alimentation comme pour d'autres choses tout aussi banales que le courrier, que l'on a l'habitude de recevoir quotidiennement et que l'on est pressé de relever, ou les informations, que l'on observe également par réflexe plus que par véritable intérêt. Le calendrier est tout aussi rejeté par Thoreau, élément qui, selon lui, découpe les semaines de façon inutile, en s'associant aux horloges qui, elles, découpent le temps pour des raisons tout aussi inutiles. S'agissant du temps, il dit se rapprocher préférablement des Indiens Puri, pour qui les notions d'hier, d'aujourd'hui ou de demain n'existent que dans un seul mot et s'expriment en pointant le doigt derrière eux pour hier, devant eux pour demain, au-dessus de leur tête pour le jour actuel.

Alors qu'il est dans sa cabane près de l'étang de Walden, Thoreau fait communion totale avec la nature et nourrit son esprit à son contact. La nature est une expérience spirituelle. Le contact permanent auprès d'elle est, pour lui, source de bien-être, et il devient même partie intégrante de celle-ci, comme le font les pêcheurs, les chasseurs, les bûcherons…

Admirateur de l'aurore comme les Grecs, il considère chaque matin comme une invitation à recouvrer encore plus de simplicité et de fusion avec la nature. Ses exercices quotidiens, autant physiques que spirituels, commencent au levant par une baignade dans l'étang qu'il estime être un « *exercice religieux* ». À l'instar de Montaigne, son texte est régulièrement ponctué de citations de philosophes, de penseurs, de poètes… Et à propos de cette baignade matinale, il dit se faire l'écho du roi Tching-thang, qui avait fait écrire sur sa baignoire : « *Renouvelle-toi complètement chaque jour : et encore, et encore, et encore à jamais.* » Cette position n'est pas sans rappeler celle de stoïciens comme Marc Aurèle, pour qui chaque jour est l'occasion d'un renouvellement.

Le matin est, pour Thoreau, le moment le plus propice à la réflexion, à la méditation. C'est en cela qu'il est pour lui le moment le plus notable de la journée : « *Le matin*, dit-il, *c'est quand je suis éveillé et qu'en moi il est une aube. La réforme morale est l'effort accompli pour secouer le sommeil.* » Le matin est une sorte de monde parallèle chez Thoreau, un monde où la somnolence est la moins grande et où l'atmosphère est unique.

S'il se fait l'écho de positions stoïciennes, Thoreau se fait également le porte-voix de positions épicuriennes quand il s'agit, par exemple, de s'interroger sur la mort. Rappelons que pour les épicuriens la mort n'existe pas, car tant que nous vivons elle n'est pas là, et quand nous sommes morts elle n'est plus là. Pour notre auteur, il en est de même ; peu importe la vie ou la mort, ce qui compte, c'est la réalité. « *Si nous sommes mourants,*

*écoutons le râle de notre gorge et sentons le froid aux extré-
mités ; si nous sommes en vie, vaquons à notre affaire. »*
Thoreau s'occupe de l'« ici et maintenant ». Ce qui le préoccupe,
c'est le présent, la nature, la réalité, l'immanence de la vie.
Rejeter les habitudes, les conventions, sans artifice ni discours,
c'est aussi, face aux enjeux de la mort, inéluctable. D'ailleurs,
un peu plus de neige ou de glace que ce que nous connaissons
suffirait à mettre un terme à l'existence de l'homme, résume-t-il.

« Profiter » du travail

Thoreau ne rejette pas le travail. Bien au contraire, toute sa vie
il fut un travailleur acharné. Que ce soit comme professeur,
comme artisan de sa maison, comme écrivain, comme confé-
rencier, il n'a eu de cesse de travailler. De l'activité naît la
sagesse, exprime-t-il, en poursuivant que si l'on veut éviter
l'impureté, tous les péchés, il s'agit simplement de travailler
avec ardeur. Toutefois, son travail ne lui est pas imposé, il le
choisit. Comme il faut accepter un travail pour vivre, pour
gagner de l'argent, Thoreau entreprend un savant calcul lui
permettant de travailler uniquement pour avoir de quoi vivre :
il montre qu'en travaillant six semaines par an, il peut faire face
à toutes les dépenses de la vie, et ainsi se consacrer le reste du
temps à la réflexion, à l'écriture, à la méditation. Cette situation
lui est rendue possible car ses besoins sont très faibles. Tel un
sage tout droit venu de la philosophie antique, il déclare :
« *Mon plus grand talent a été de me contenter de peu.* »

Le travail est aliénant, selon Thoreau. Il explique que beaucoup
de ses contemporains aiment le travail, non pour ce qu'il va
procurer comme revenu destiné à vivre et faire vivre la famille,
mais pour lui-même. Thoreau, cherchant à se détacher le plus
possible de cette aliénation et à détenir un travail garant de
liberté, se fait embaucher comme journalier car, pour lui : « *La
profession de journalier était la plus indépendante de toutes, en
ceci qu'elle ne réclamait que trente ou quarante jours de
l'année pour vous faire vivre [mais aussi que] la journée d'un*

journalier prend fin avec le coucher du soleil, et il est alors libre de se consacrer à [l'] occupation de son choix. » Travailler et s'entretenir ne doit donc pas être une peine pour notre penseur, mais un simple passe-temps.

Des lectures sincères pour un esprit sincère

Nous avons vu préalablement en quoi l'écriture, la parole et la lecture sont importantes dans les exercices spirituels. Thoreau qui, dans son isolement est entouré de livres, considère la lecture des grands textes, des grands auteurs – l'*Iliade*[1], Dantès[2], William Shakespeare – comme un noble exercice qui met à l'épreuve le lecteur chaque fois qu'il y consacre ses heures matinales. Véritable ascèse, il n'hésite pas à comparer ces lectures à un entraînement sensiblement identique à celui des athlètes, dans la mesure où la lecture doit être tout autant réfléchie et méditée que l'écrit lui-même.

Puriste face au texte, Thoreau estime que seule l'étude des textes dans leur langue d'origine a un intérêt. Dans le cas contraire, les lecteurs ont une « *connaissance fort imparfaite de l'histoire de la race humaine* ».

Thoreau est un intellectuel pragmatique et passe sa vie à mêler la théorie, la réflexion et l'action. Face à ses lectures, il se comporte de la même façon. Il ne s'agit pas de lire pour lire, ni de lire un texte avec la facilité d'une adaptation linguistique ; lire est un apprentissage de la langue, un apprentissage des textes. Ce n'est pas simple de lire, nous dit Thoreau ; c'est un exercice et une ascèse, c'est un travail. Cette position n'est pas sans rappeler les *Conversations* de *Goethe*[3], où ce dernier

1. Homère, *Iliade*, Gallimard, 1975.
2. Nous parlons ici du personnage d'Edmond Dantès dans *Le Comte de Monte-Cristo* d'Alexandre Dumas père.
3. Johann Peter Eckermann, *Conversations de Goethe avec Eckermann*, Gallimard, 1988.

confesse : « *Les braves gens ne savent pas ce qu'il en coûte de temps et de peine pour apprendre à lire. J'ai travaillé à cela quatre-vingts ans, et je ne peux pas dire encore que j'y suis arrivé.* »

Les lectures de Thoreau, tout comme celles de Montaigne, font appel à la réflexion, à la méditation, et l'auteur de *La Désobéissance civile*[1] est particulièrement sensible à la mise en œuvre effective de la réflexion qui passe par la solitude. La pensée nous permet d'être à côté de nous-mêmes, exprime-t-il. De fait, nous pouvons regarder nos actions, nos actes, nous pouvons également nous regarder nous-mêmes ; nous ne sommes pas que dans l'action, « *nous ne sommes pas tout entiers confondus dans la nature* », précise-t-il. Cette possibilité d'un regard extérieur, d'un regard d'« en haut », d'un regard sur soi-même fait de nouveau écho à toute la philosophie antique, et notamment aux stoïciens par la figure de Marc Aurèle, dont l'écrit de ses *Pensées*[2] permet de jeter un regard sur soi. Thoreau va encore plus loin en évoquant presque une double personnalité au sein de lui-même, tel un « *spectateur* » qui regarderait l'autre individu.

Cette capacité à se « dédoubler » est possible par la solitude, que Thoreau reconnaît comme bénéfique. Considérant la compagnie comme quelque chose de fastidieux et de dissipant, un homme est, selon lui, pensant ou travaillant dès lors qu'il est seul. La solitude n'est pas l'isolement et Thoreau, malgré sa cabane en pleine forêt, peut recevoir du monde et aller en ville. Toutefois, tel l'étudiant face à ses études, le fermier face à ses bêtes, il sait mettre en œuvre un certain solipsisme permettant l'émergence de la pensée.

1. Henry David Thoreau, *La Désobéissance civile*, op. cit.
2. Marc Aurèle, *Pensées pour moi-même*, op. cit.

La réception de Thoreau au XXIe siècle : écologie et humanisme

Henry David Thoreau, nous l'avons dit, a influencé plusieurs grands penseurs. Il continue aujourd'hui d'influencer bon nombre de causes militantes et en tout premier lieu, bien entendu, les causes écologiques.

La pensée de Thoreau est régulièrement et de plus en plus citée dans la protection de la nature. Lui-même cherchait déjà à la préserver, tant il avait avec elle une relation fusionnelle, voire mystique. À titre d'exemple, dans *Walden*[1], il agite déjà les consciences face à la déforestation, non pas avec des arguments climatiques, mais tout simplement du fait de la valeur de la forêt, du bois et de ses apports bénéfiques. Ainsi interpelle-t-il les fermiers pour qu'ils respectent les arbres, qu'ils évaluent la réelle valeur de la forêt, valeur qui est « *plus immuable*, dit Thoreau, *et plus universelle que celle de l'or* ».

La très grande majorité des mouvements écologistes américains se reconnaissent dans Thoreau, et notamment les mouvements extrémistes. Il faut noter que Thoreau était influencé par le transcendantalisme, premier mouvement écologiste de l'histoire fondé par Emerson, dont Thoreau est le disciple, et quelques autres intellectuels. Le transcendantalisme est un mouvement philosophique, culturel, spirituel, créé en réaction à la position des intellectuels de Harvard, et plus spécifiquement contre certaines doctrines de l'église unitarienne enseignées à la faculté de théologie de Harvard. Les transcendantalistes ont été autant influencés par les philosophies grecques et orientales que par l'idéalisme allemand, à l'image de Kant pour qui tout savoir est transcendant. À la limite de l'utopisme, ils voulaient fonder leur religion, leur philosophie sur des principes transcendantaux reposant sur la spiritualité mentale de l'être.

---

1. Henry David Thoreau, *Walden ou La vie dans les bois, op. cit.*

Walden[1] est une véritable bible pour les écologistes. C'est la référence, ce vers quoi chaque être humain devrait tendre ; issu de la nature, il doit être reconnaissant envers sa créatrice. Ce qui est intéressant dans ces origines de l'écologie initiée par Thoreau, c'est qu'il n'y a pas qu'une défense aveugle des arbres, des forêts, des plantes ; c'est une défense des droits humains, une défense de la conscience face à ce qui nous entoure.

Toutefois, au-delà de cette réception écologiste et humaniste, Thoreau trouve un écho beaucoup plus large, beaucoup plus global. Il est celui qui sait dire « non », celui qui met en œuvre une résistance, une opposition telle qu'elle existera chez Foucault, par exemple. En cela, le « non » de Thoreau, le « non » à l'insoutenable entre en résonance avec la résistance de Vichy, l'abolition de la peine de mort, le droit à l'avortement, le vote des femmes, les congés payés, le droit de grève, l'opposition à son chef. Il s'agit de savoir prendre des risques et de ne pas avoir peur. Thoreau ne redoutait pas la prison. Il a au contraire trouvé un certain intérêt à passer une nuit entre les barreaux. L'insoutenable, l'injustice, la médiocrité n'ont pas leur place entre les hommes. Si d'aucuns y trouvent leur compte de façon consciente ou non, il s'agit, avec force, de savoir les refuser, d'y résister.

Les accents antiques

C'est dans la conclusion de *Walden*[2], son ouvrage majeur, que l'écho des philosophies antiques, des exercices spirituels se fait le plus marquant. Si l'ensemble de l'ouvrage recouvre ici et là des accents stoïciens, épicuriens, cyniques, les toutes dernières pages synthétisent, si l'on peut dire, sa philosophie. Alors qu'il s'apprête à quitter sa cabane où il a passé deux années, il invite

---

1. *Ibid.*
2. *Ibid.*

à regarder au-delà des habitudes, il implore de s'explorer soi-même, demande à chacun d'être le Christophe Colomb de son propre esprit...

« *Le soleil n'est qu'une étoile du matin* », dit-il. Il s'agit de s'écarter de l'argent, de l'amour, de la gloire, des vêtements que l'on porte pour n'avoir qu'un objectif, la vérité ; pour n'avoir qu'une seule possession, ses pensées. Il faut faire honneur à la vie telle qu'elle se donne, sans lui réclamer plus qu'elle n'offre déjà. La vie doit se vivre pleinement, il faut l'aimer si pauvre soit-elle tout en gardant ses espoirs, ses rêves et ses utopies. L'expérience des deux années, confie-t-il, lui a appris que « *si l'on avance hardiment dans la direction de ses rêves, et s'efforce de vivre la vie qu'on s'est imaginée, on sera payé de succès inattendu en temps ordinaire* ».

Thoreau est probablement le philosophe le plus récent ayant, à l'instar des Anciens, mis en pratique sa propre théorie pour un mieux-vivre. Il ne pratique pas uniquement des exercices spirituels : il les pense, il les structure, il les établit et par-dessus tout, il les applique. Il n'est pas un théoricien de la philosophie, mais un philosophe, à l'image du poème qu'il rédige à la fin de *Walden*[1] et sur lequel nous pouvons conclure, rien d'autre ne pouvant être ajouté à ces vers :

> « *Direct your eye right inward, and you'll find*
> *At thousand regions in your mind*
> *Yet undiscovered. Travel them, and be*
> *Expert in home-cosmography.* »

> « Dirige ton œil droit en toi, et vois
> Mille régions en ton âme
> Encore à découvrir. Parcours-les, et sois
> Expert en cosmographie-du-chez-soi. »

---

1. *Ibid.*

Les exercices spirituels, une existence inhérente à l'homme

Les exercices spirituels antiques sont une manière de vivre, une manière de se comporter dans la vie, face aux aléas de la vie. Ils sont un travail sur soi, un travail de l'âme, un travail de l'esprit dans le but de vivre mieux. Que ce soient Diogène, Socrate, Marc Aurèle, et tous ceux que nous avons vus, chacun des philosophes de l'Antiquité cherche à atteindre ce mieux-vivre à travers les exercices spirituels. Leurs propositions pour vivre selon un certain Bien, vivre mieux, sont indéniablement toujours d'actualité, c'est peut-être d'ailleurs ce qui est le plus étonnant. Leurs conseils sont toujours aussi contemporains, plus de deux mille ans après les avoir proposés et mis en œuvre. À l'évidence, depuis l'Antiquité, la société, l'environnement, les hommes ont évolué et nous nous sommes demandé en quoi les propositions antiques pouvaient se maintenir dans les philosophies modernes et contemporaines.

Les cinq philosophes que nous venons d'observer occupent un espace-temps relativement important, du milieu du XVIe siècle à la fin du XXe siècle, soit près de quatre cents ans, ce qui est à la fois long et finalement n'est en comparaison « que » le temps d'existence de l'école stoïcienne. Toutefois, ils se distinguent nettement des philosophes antiques par leur vie, leur existence. Tous ont nourri une existence que l'on peut qualifier de « civile », en étant professeur de philosophie, maire d'une grande ville, écrivain, mais dans le même temps tous se sont appliqués à faire exister des exercices spirituels. Qu'ils aient ou non établi une doctrine « officielle » se rapprochant de cette notion, ils ont d'abord agi en philosophes, ils se sont interrogés sur l'environnement, sur le monde qui les entourait et sur l'homme, le fait qu'il soit un élément central de cet environnement. Le message qu'ils semblent tous nous délivrer est qu'il s'agit de vivre dans cet environnement, c'est peut-être leur premier exercice spirituel. Vivre, c'est observer les phénomènes tels qu'ils se donnent comme Husserl, vivre, c'est prendre conscience de la nature comme Thoreau, vivre, c'est savoir douter comme Descartes, vivre, c'est savoir se soucier de soi comme Foucault, vivre, c'est savoir être humaniste comme Montaigne. Nonobstant, le doute, l'observation, le souci, ce n'est pas simple, ce n'est pas une évidence. Ces philosophes ont mis en place des exercices, des méditations grâce à l'écrit, l'échange avec autrui ou soi-même. On ne se déclare pas philosophe, on travaille à le devenir, on s'exerce à l'être, tout autant physiquement dans son environnement, dans son quotidien, que spirituellement. Autrement dit, être philosophe s'apprend, cela nécessite ce que nous appelons un « Apprentissage de soi ».

Chapitre 4

L'Apprentissage de soi

Le parcours que nous avons suivi depuis Socrate jusqu'à Thoreau nous a présenté différents penseurs, différentes philosophies. Ces philosophes ont tous la particularité de penser la philosophie et, dans le même temps, de la mettre en pratique, d'avoir une vie philosophique autant qu'une pensée théorique de la philosophie.

Ces éminents penseurs sont, à bien des égards, des exemples à suivre, des guides spirituels, pourrait-on dire. Leur vie comme leurs écrits sont des sources de sagesse, des sources de réflexion permettant l'élaboration d'exercices spirituels visant un mieux-vivre, un mieux-être. Ils sont clairement des sources d'inspiration pour réaliser son propre « Apprentissage de soi ». Toutefois, chaque individu ne peut reproduire ce qu'un seul individu a lui-même produit. Il peut le regarder, s'en inspirer, le désirer comme maître, mais ne peut être et ne doit pas chercher à être identique à celui-ci. Il s'agit préférablement, à travers des exemples de vies, des exemples de comportements, de sagesse, de réussites et parfois d'échecs, de réaliser sa propre histoire qui vise une certaine recherche de la vie heureuse.

Chaque être est doté de caractéristiques qui lui sont propres, issues de sa naissance, de son enfance, de son adolescence, des générations qui l'ont précédé. Chaque individu est unique, et par conséquent ne peut ressentir à l'identique les mêmes choses, les mêmes sentiments, les mêmes sensations qu'un autre. Un disciple en philosophie n'est pas un clone du maître, loin de là, et nombreux sont les disciples qui ont su critiquer leur propre maître, à commencer par Aristote qui, sur bien des questions, a remis en cause les théories de son maître Platon. Une vie qui a existé, une philosophie qui nous semble séduisante, une existence que l'on semble apprécier et que l'on peut viser n'est pas en soi source de bonheur ni de mieux-être. Il est fondamental d'y puiser une inspiration, mais c'est son propre mieux-être que l'on doit avoir en ligne de mire ; c'est sa propre vie comme source de bonheur que l'on doit rechercher.

C'est pourquoi les exercices spirituels visant cet objectif sont toujours accompagnés de termes comme « construction de soi », « sculpture de soi », « réalisation de soi », « constitution de soi ». Ces notions nous font comprendre, d'une part, qu'il y a une construction (et il peut y avoir l'inspiration d'un modèle comme certaines architectures peuvent être source d'inspiration pour la construction d'une maison) et, d'autre part, que le « soi » est en jeu. Le soi fait partie du travail, de l'exercice spirituel. C'est une donnée tout à fait personnelle et unique à travailler. Pour de multiples raisons que nous allons voir, nous préférons le terme d'« Apprentissage de soi », qui renvoie non pas à une visée définitive comme la construction ou la sculpture, mais à une dynamique, un mouvement, une itération entre la vie qui m'entoure, mon environnement et mon « moi » profond qui se trouve dans un apprentissage permanent.

Cette dernière partie est donc consacrée à cette notion d'« Apprentissage de soi », à comprendre ce que celle-ci recouvre et comment elle peut prendre sens dans notre quotidien. Avant d'entrer dans le cœur de cet Apprentissage de soi, nous vous proposons un détour sur la notion de « philosophie ». Cette proposition peut paraître singulière et susciter des questions : pourquoi attendre la fin de l'ouvrage pour donner finalement la définition de la philosophie ? N'avons-nous pas déjà parlé de ce qu'est la philosophie avec le parcours des différents auteurs ? En quoi cela s'articule avec l'Apprentissage de soi ? Enfin, est-ce utile de savoir ce qu'est la philosophie pour pratiquer cet apprentissage ?

Si toutes les questions sont importantes, et nous allons y répondre, c'est cette dernière qui demeure la plus cruciale. Oui, il est utile de maîtriser une première définition de ce qu'est la philosophie pour pratiquer l'Apprentissage de soi. Nous avons tous une idée plus ou moins précise de ce qu'est la philosophie en la définissant, au moins étymologiquement, comme « amour de la sagesse ». Cependant, la philosophie n'est pas que cela, et il serait bien audacieux d'essayer de prouver que ceux qui, de nos jours, se disent « philosophes » montrent systématiquement une voie vers la sagesse. C'est qu'il y a en quelque sorte plusieurs types de philosophies, et c'est ce que nous allons voir dans un premier temps.

Enfin, s'il est utile de savoir où se trouve l'Apprentissage de soi, à quelle philosophie cette notion appartient, il n'était pas crucial d'aborder celle-ci au début de ce livre puisque c'est par la pratique de la philosophie que nous avons souhaité ancrer cet ouvrage.

Qu'est-ce que la philosophie ?

Se poser la question de ce qu'est la philosophie n'est pas simple. Cela relève des mêmes difficultés que de s'interroger sur ce qu'est l'art. De nombreuses définitions existent, on trouve plusieurs avis divergents, différentes argumentations provenant de « professionnels » de la philosophie, d'« experts » ou d'« amateurs » éclairés. S'il peut y avoir un consensus, il se fait uniquement sur l'acceptation étymologique du mot, c'est-à-dire « amour de la sagesse ». Mais cela ne suffit pas à satisfaire les philosophes et, au-delà de ce consensus, chacun va chercher à offrir, proposer ou imposer sa propre définition de la philosophie. Nous allons tenter de définir la philosophie, sans toutefois tomber dans ce travers.

Nous avons dit qu'il pouvait exister plusieurs types de philosophie. Pour faire simple, disons qu'il en existe à nos yeux deux. Deux formes de philosophie, dont les ardents défenseurs de l'une ou l'autre ne se reconnaissent pas nécessairement, considérant qu'une seule philosophie existe : la leur. Pour distinguer les deux formes, nous proposons de nommer l'une « philosophie critique » et l'autre « philosophie pratique ». La première est fortement basée sur la théorie, la formulation, la critique des concepts et des systèmes de pensée. Cette philosophie, essentiellement universitaire, se préoccupe assez peu de la biographie des auteurs par exemple, préférant se tourner vers leur système de pensée, leurs apports théoriques, les hypothèses qu'ils ont pu élaborer. La seconde forme de philosophie s'élabore sur la pratique concrète ; c'est une philosophie effective, pragmatique, pourrait-on dire. Elle prend sens dans un art de vivre qui fut élaboré dès l'Antiquité. Son idée est d'adopter un mode de vie permettant l'accès à un mieux-vivre qui est tout autant contraignant que bénéfique pour celui qui la pratique.

L'opposition qui émerge entre ces deux philosophies, c'est, d'une part, ce qui se fait appeler parfois la « fausse philosophie » – c'est-à-dire universitaire – jugée comme une philosophie de professionnels, une philosophie superficielle, intellectuelle à l'extrême, n'ayant aucun sens de la vie pratique puisque quasi exclusivement tournée vers l'étude des textes et, d'autre part, la « bonne philosophie » – celle dont l'objectif est l'art de vivre –, qui jouit d'une image originelle. Pourtant, il faut bien constater que la philosophie comme art de vivre s'est considérablement amoindrie depuis de nombreuses décennies par la puissance de la philosophie critique. Cette dernière en profite et insiste sur sa philosophie qu'elle estime être plus haute, plus pure, plus intelligente, plus noble. Or, paradoxalement, les philosophes que nous avons étudiés – Épicure, Sénèque, Montaigne,

Foucault – considèrent la connaissance comme un moyen pour la pratique de la philosophie. La connaissance, selon eux, permet en effet l'accès au bonheur, à un mieux-vivre. Nous n'entrerons pas dans les détails en expliquant pourquoi la philosophie critique a pris une telle position vis-à-vis de la philosophie pratique. Il faut simplement avoir à l'esprit que celle-ci s'est fait en quelque sorte déposséder de ses thèmes de recherche. Elle qui œuvrait sur des problèmes de la science naturelle, de la science humaine au sens large, s'est retrouvée désemparée par l'indépendance qu'ont pris ces dernières disciplines vis-à-vis d'elle. La philosophie, dont l'essence était la compréhension du monde, a cherché à maintenir son statut scientifique en prolongeant à la fois la réflexion sur les domaines qui initialement provenaient d'elle et la réflexion sur sa propre pensée, mettant à l'écart dans le même temps la philosophie pratique qui ne lui semblait d'aucune aide à recouvrir une stature scientifique. Par ailleurs, il ne faut pas ignorer l'« histoire » de la philosophie, qui montre les multiples tentatives de la théologie pour l'absorber dans son escarcelle et tenter de la transformer en une discipline exclusivement théorique, conceptuelle, destinée à ne servir qu'elle-même.

Si cette dichotomie de la philosophie entre critique et pratique génère rejet et mépris de l'une envers l'autre, il s'agirait cependant de ne pas les opposer de façon trop superficielle. En effet, de nombreux axes de la philosophie critique peuvent alimenter la réflexion pour la philosophie pratique, et réciproquement. L'écriture en est un excellent exemple. L'écriture est un élément incontournable de la philosophie critique, et cette technique est aussi considérablement utilisée dans la philosophie pratique comme moyen de travail sur soi, comme chez Marc Aurèle ou Michel Foucault, ou encore beaucoup d'autres. La philosophie théorique est par ailleurs un travail à la recherche de fondements nourris de logique, de confrontations rigoureuses aux textes, d'approfondissements d'hypothèses, qui permet de constituer les bases fondamentales du développement d'une philosophie pratique. C'est très net chez Épicure par exemple, qui élabore une théorie de la nature dans l'objectif d'un art de vivre et de son déploiement. C'est très clair aussi chez les stoïciens, où les développements théoriques servent de base à une réalisation pratique.

Finalement, l'opposition entre philosophie pratique et philosophie critique n'a pas tout à fait de raison d'être, et on peut difficilement opposer une bonne à une mauvaise philosophie. Il y a de la philosophie, au sein de laquelle on trouve différentes façons de philosopher. Tout comme il n'y a pas une seule et unique façon d'être artiste, il n'y a pas une seule et unique façon d'être philosophe. Allons même plus loin : au fond, l'opposition n'a pas lieu d'être puisque nous construisons notre façon de vivre sur notre connaissance du monde. Il est alors impossible de dissocier ces deux éléments. Autrement dit, une « bonne » philosophie critique se nourrit aussi de la philosophie pratique, tout comme la « bonne » philosophie pratique se nourrit de la philosophie critique par le fait que nous apprenons le monde en même temps que nous le vivons. Assurément, quoi qu'on puisse imaginer ou fantasmer, la philosophie pratique n'exclut aucunement un travail critique. Au contraire, cela lui est même capital dans sa structure, son fonctionnement et son évolution.

Cette analyse de la philosophie montre finalement que celle-ci est beaucoup plus complexe qu'il n'y paraît. La philosophie, et donc être philosophe, c'est à la fois être critique – intègre, rationnel, consciencieux, voire opiniâtre – face aux corpus philosophiques et, dans le même temps, pratique – courageux, introspectif, exemplaire –, à la recherche d'un mieux-vivre.

Comprendre ce qu'est la philosophie est essentiel pour notre propos portant sur l'Apprentissage de soi, puisque cette notion va justement concerner et une philosophie critique, et une philosophie pratique.

Qu'est-ce que l'apprentissage ?

Les fondements historiques

Le terme « apprentissage » apparaît vers la fin du XIVe siècle. Un maître artisan avait alors la possibilité d'employer de jeunes gens, indifféremment hommes ou femmes, comme main-d'œuvre contre une faible rémunération. En contrepartie, le maître artisan devait les initier à son métier, qui pouvait être généralement, pour les hommes, menuisier, ébéniste, boulanger, tanneur, coutelier et, pour les femmes, ceux de la broderie, du tissage de la soie, etc. La relation au maître était importante et relativement intime puisqu'il était tout à fait fréquent que les apprentis, souvent jeunes et célibataires, vivent au domicile du maître artisan. L'objectif de ces apprentis était de devenir eux-mêmes maîtres artisans à la suite de leur formation qui pouvait durer jusqu'à sept ans. Ainsi le terme « apprentissage » est-il associé, dès son origine, à l'action d'apprendre un métier.

L'apprentissage est intimement lié au compagnonnage. On ne peut dater l'origine du mouvement compagnonnique puisqu'il n'a pas de définition précise, alors même que cette activité existe déjà. Si le terme « compagnon » vient du latin *companio*, « qui mange son pain avec », son existence au début du XIe siècle ne garantit pas qu'il recouvre les pratiques compagnonniques telles qu'on les connaît par la suite. C'est Charles VI qui, en 1420, officialise en quelque sorte le mouvement des compagnons en rédigeant une ordonnance pour les cordonniers de Troyes. Le roi signifie que les compagnons et ouvriers de plusieurs métiers, de plusieurs langues et de plusieurs nations vont et viennent de ville en ville pour travailler, apprendre, se connaître, se voir et se transmettre des savoirs les uns aux autres. Célèbre pour son tour de France, le compagnonnage est particulièrement actif au milieu du XIXe siècle. S'il faillit disparaître à l'ère de l'industrialisation, le mouvement reprendra du dynamisme au début du XXe siècle, alors que le maréchal Pétain, en 1941, accepte une « charte du compagnonnage » qui donne naissance à l'Association ouvrière des compagnons du devoir. Le titre officiel de « compagnon » est décerné à l'ouvrier selon trois conditions : que celui-ci ait effectué son temps complet d'apprentissage, qu'il est fait son tour de France et, enfin, qu'il ait réalisé un « chef-d'œuvre » qu'il présente à l'occasion de la réception lui décernant son titre.

Nous n'allons pas plus entrer dans le détail du compagnonnage pour servir notre propos. Pour être complet, il faudrait notamment évoquer son articulation avec la franc-maçonnerie et sa puissante influence sur l'économie des villes pendant plusieurs siècles, etc. Toutefois, notons que s'il existe un respect des liens, des valeurs maître/compagnon, la relation n'est pas tout à fait la même que dans le cas de l'apprenti. Elle n'est pas aussi intime, d'une part parce que le compagnon est un itinérant et, d'autre part, parce qu'il attache beaucoup de valeur à la relation avec ses homologues compagnons. En effet, au-delà de la transmission des connaissances – ce qui est déjà considérable –, ses membres reconnaissent entre eux protection, éducation et entraide. Il existe d'ailleurs de nombreux récits dans l'histoire du compagnonnage où les compagnons ont su montrer la puissance de leur corporation et, parfois même, ont su se liguer contre des maîtres plus ou moins respectueux.

Que ce soit dans l'histoire de l'apprentissage ou du compagnonnage, il y a de nombreux intérêts à regarder attentivement les pratiques. Tout d'abord l'acquisition, à travers l'échange, d'un certain savoir-faire, de pratiques, de connaissances, de compétences, d'attitudes et de valeurs culturelles. Ces qualités s'acquièrent par l'observation du maître, par l'imitation de celui-ci, par l'essai, la répétition, la présentation. Tout comme l'opposition usuelle philosophie critique et philosophie pratique, la notion d'apprentissage est confrontée à la notion d'enseignement, dont l'essence repose sur l'acquisition de savoirs, de connaissances, mais exclusivement à travers l'étude et l'exercice. Là encore, il y a une certaine futilité à opposer apprentissage et enseignement car, à l'évidence, les deux notions non seulement se complètent, mais permettent d'acquérir une connaissance bien plus large.

L'apprentissage philosophique

La philosophie est tout à fait proche de ces notions d'apprentissage et de compagnonnage. On pourrait tout d'abord s'étonner de ce rapprochement. Il ne faut, bien entendu, pas l'entendre en termes de professionnalisation, mais dans le sens étymologique de « métier » qui signifie « fonction de service, de serviteur », et en cela s'articule tout à fait avec la phrase encore actuelle de Thoreau : « *De nos jours, il y a bien des gens qui enseignent la philosophie, mais il n'y a pas de philosophes. Il s'agit pourtant d'un métier admirable, car la vie philosophique le fut autrefois.* »[1] La philosophie est ainsi à apprendre, à connaître, à découvrir, à explorer, à transmettre, mais aussi et surtout à pratiquer comme n'importe quel métier.

Par ailleurs, que ce soit dans l'apprentissage ou le compagnonnage, nous retrouvons la relation de maître à disciple comme dans la philosophie antique. Celui qui sait, le maître, transmet, explique, montre, laisse essayer et enfin laisse de l'autonomie pour finalement que le disciple soit indépendant une fois l'apprentissage terminé. Nous voyons en outre en quoi l'apport du compagnonnage prend sens, puisqu'il y a une certaine indépendance vis-à-vis du maître et un resserrement des liens entre compagnons. Dès lors, autant le philosophe apprend auprès de son maître et sait s'en détacher, autant il sait aussi tisser des liens disciplinaires associant des homologues philosophes tout en conservant une certaine liberté et une indépendance puisqu'il reste malgré tout un individu profondément isolé.

On notera que l'apprentissage peut aussi s'entendre comme ne relevant pas du « métier » à proprement parler. En effet,

---

1. Henry David Thoreau, *Walden ou La vie dans les bois*, *op. cit.*

dans le behaviorisme – appelé aussi « comportementalisme » –, l'apprentissage est défini comme une modification durable du comportement d'un individu, suite à un événement provoqué par l'extérieur et une réaction du sujet. Cette modification de comportement est persistante et spécifique pour l'individu. Cette dimension est particulièrement intéressante dans l'esprit d'un apprentissage par soi, un auto-apprentissage en quelque sorte. Notons qu'encore faut-il garder à l'esprit que nous sommes dans un apprentissage pour que l'événement provoqué ait une durée effective et pérenne sur l'individu. Toutefois, l'intérêt ici du behaviorisme est de montrer que l'apprentissage peut relever de deux possibilités : un apprentissage par autrui, un maître par exemple, ou par soi, même si l'apprentissage résulte de l'apparition d'un événement externe.

Qu'il soit apprenti ou compagnon, le jeune individu qui se présente face à son maître, à son patron a pour objectif non pas d'être menuisier ou boulanger, mais d'abord d'apprendre à être menuisier, d'apprendre à être boulanger. Il est dans une démarche d'apprentissage. Au même titre, le disciple se présente au maître philosophe qui va lui apprendre à philosopher pour, à son tour, ensuite, devenir philosophe. Souvent mal considéré, l'apprentissage n'est pas qu'une application, qu'une imitation. C'est aussi un savoir théorique, méthodique, parfois même conceptuel qui est inculqué dans le même temps qu'une pratique. Le futur tanneur n'apprend pas qu'à travailler le cuir ; il apprend ce qu'est le cuir, les techniques d'utilisation, de production, de fabrication qui lui permettront par la suite de travailler la matière au mieux. De même, le philosophe en devenir apprend à questionner le monde qui l'entoure, apprend les axes, les possibilités de pensée, les hypothèses et les différentes théories sur ce qu'est l'art, l'amour, la vie, la mort avant de pouvoir lui-même se forger sa propre conception.

Se donner une position d'apprenti, c'est se donner une position première d'acceptation de son humilité, de son non-savoir à la manière socratique : « *Je ne sais qu'une chose, c'est que je ne sais rien.* » C'est se rendre compte de l'immensité des connaissances et de la très faible part que l'on a en soi. L'apprentissage philosophique est ce va-et-vient entre la connaissance et la pratique, entre le concept et la mise en œuvre, entre la prise en main par un maître et l'indépendance. Précisons cependant que, certes, l'apprentissage philosophique se fait, tout comme pour l'apprenti ou le compagnon dans son atelier, grâce à un maître. Toutefois, la philosophie permet l'absence physique du maître puisqu'il peut être remplacé par les textes. C'est en cela notamment que la philosophie critique prend tout son sens : comprendre au mieux les textes philosophiques. Autrement dit, il n'y a pas nécessairement besoin d'un maître au sens physique puisque ses textes – mais aussi, par exemple, sa biographie – peuvent permettre la transmission et l'apprentissage. Le philosophe est isolé, nous l'avons dit. Il est également solitaire, et cette solitude transpire d'autant plus pendant ces phases d'apprentissage où l'apprenti philosophe se confronte aux textes de son, de ses maîtres. Cela sera d'autant plus prégnant dès lors qu'il abordera le fond, sa propre réalisation, son Apprentissage de soi.

Vers un Apprentissage de soi

Au regard de ces notions d'apprentissage, de compagnonnage, de typologies de la philosophie, mais aussi et surtout au regard des philosophes précédemment étudiés, nous pouvons nous demander ce qu'est l'« Apprentissage de soi ». Néanmoins, après avoir compris ce qu'était l'apprentissage, il s'agit de se demander qu'est-ce que le « soi » ? Pour faire simple et sens avec notre propos depuis le début de l'ouvrage, le « soi » n'est pas très éloigné de la notion de spirituel. En effet, le spirituel, nous l'avons dit, est porté sur l'âme, l'esprit, la conscience – et l'inconscience – que nous avons en nous. Le soi est composé des mêmes caractéristiques. Tourné quasi exclusivement vers l'individu, singulier et solitaire, le soi est l'élément principal caractérisant tout un chacun au travers de son intériorité comme, mais de façon moindre, de son extériorité.

Le soi pourrait être appelé conscience, esprit, âme. Toutefois, il désigne également la rationalité que l'on souhaite mettre derrière cette proposition, l'influence immanente que nous voulons faire jouer. Contrairement aux autres notions, le soi est entouré de « périphéries » destinées à articuler celui-ci d'une façon ou d'une autre. Autrement dit, le soi est la matière malléable de l'âme, de la conscience, de l'esprit, de par une résonance rationnelle de l'individu, mais aussi de par l'extériorité donnée en miroir par les périphéries dont il peut être la cible.

L'Apprentissage de soi est donc l'apprentissage de l'individu par lui-même, sachant néanmoins se méfier d'un solipsisme pouvant immerger l'individu dans une aridité conceptuelle, voire narcissique, de lui-même.

Transcendance et immanence dans l'Apprentissage de soi

• *Une transcendance athée*

La transcendance est un terme régulièrement employé dès lors que l'on parle de spiritualité, de religion ou encore de méditation. Elle évoque ce qui est, en quelque sorte, « au-dessus de nous », au-dessus de l'individu qui, lui, est bien ancré ici, dans l'immanence. La transcendance est, par exemple, utilisée pour évoquer Dieu, pour bien signifier qu'il n'est pas en ce bas monde des hommes, qu'il se trouve dans un état supérieur à eux.

On comprend un peu mieux avec le philosophe Kant ce qu'est la transcendance, puisqu'il la décrit « simplement » comme tout ce qui dépasse toute possibilité d'expérience. Cela se rapproche de la métaphysique – ce qui se trouve au-delà de la physique – qui, par certains côtés, est d'un ordre également transcendant.

Cette transcendance est réclamée dans l'Apprentissage de soi ou, plus exactement, elle est admise pour être utilisée. Présente en chacun des êtres humains, nous la ressentons dès lors que nous évoquons, par exemple, les termes d'« esprit », d'« âme ». La transcendance fait partie des caractéristiques de l'Apprentissage de soi. Elle se noue intrinsèquement à la volonté de mettre en œuvre notre propre amélioration. Nous nous mettons en posture de nous transcender pour évoquer une pensée dépassant notre monde, notre « ici et maintenant », pour nous projeter dans un axe jetant la réflexion sur la considération que nous avons de nous-mêmes et du monde.

À l'évidence, un profond Apprentissage de soi nécessite une grande méfiance en l'occupation potentielle de cette place transcendantale en soi. Souvent accaparée par la religion, par exemple, par les sectes, la place se doit d'être balayée de tout Dieu, de toute transcendance placée, en quelque sorte, à son insu. L'utilisation de la transcendance que nous proposons ici fait en effet place nette à toute mise en transcendance extérieure à soi pour y injecter la sienne propre. Nous notons d'ailleurs que le seul véritable intérêt du concept de Dieu, c'est qu'il nous apprend à ressentir ce qu'est une transcendance. Cependant, une fois cette sensation comprise, il est particulièrement prudent de se défaire de ces notions paradigmatiques pour laisser place à sa propre transcendance.

• *Être sa propre transcendance*

La transcendance de l'Apprentissage de soi, c'est finalement être son propre Dieu en construisant sa propre transcendance. Elle peut se nourrir, par exemple, de la métaphysique. Cette dernière est peut-être même la source principale de la transcendance. En effet, la pensée métaphysique, profonde, lointaine et haute s'attachant à la connaissance de la moralité, de l'idéal dans un ordre différent de celui du monde « ici et maintenant » est nécessairement positive pour un Apprentissage de soi. Car il n'y a pas que de l'être, c'est une évidence et nous le démontrons chaque fois que nous pensons. Il s'agit donc ici d'aller constituer ce lieu où notre être disparaît tout en restant soi-même, d'être un autre que soi, mais toutefois élaboré, construit par soi-même et non par certaines transcendances dont on ne connaît finalement rien.

Il y a de la transcendance, personne ne peut en douter. L'Apprentissage de soi cherche simplement à mettre la main sur cette transcendance au profit de son âme, de sa réflexion et de sa pensée. La pensée de soi, de son être, de sa position dans le monde et hors de lui constituent les axes de la réflexion trans-cendantale qu'il est fondamental de mettre en œuvre pour son apprentissage. Autrement dit, c'est s'élever de soi-même par soi-même pour se constituer dans le monde, dans l'immanence, d'un autre soi-même.

- *Une immanence rationnelle*

L'immanence s'oppose à la transcendance. Alors que cette dernière se noue avec la métaphysique, l'immanence, au contraire, s'impose dans la physique. Il n'est besoin d'aucun principe extérieur ou supérieur pour reconnaître l'immanence. D'ailleurs, Kant caractérise cette fois l'immanence par le fait que le champ d'application ne peut excéder l'expérience possible.

L'immanence de l'Apprentissage de soi émerge dans la capacité à ne pas s'extraire du monde, mais, au contraire, à intégrer l'idée que l'apprentissage est bien ici et maintenant, qu'il s'incorpore à notre vie mondaine et non à une vie solipsiste exclusive ou à une vie promise dans un au-delà. Au contraire, l'Apprentissage de soi est la volonté d'apprendre ce qu'est le monde – une fois interrogé dans la transcendance –, apprendre ce qu'est la vie, la mort, l'être, l'âme, autrui, l'environnement, etc.

Soyons précis, l'immanence n'est pas l'Apprentissage de soi concret dans notre vie, c'est plus exactement la capacité à incorporer dans notre vie une réflexion immanente s'articulant avec la transcendance. C'est, en quelque sorte, la pensée qui s'éternise, qui prend le relais de la transcendance sur le terrain de la compréhension du monde. Toutefois, contrairement à la transcendance, une rationalité est proposée puisque la métaphysique disparaît. La concentration ne peut et ne doit se faire que dans les limites internes de la physique, ce qui n'est pas si évident puisque la méthode de l'apprentissage nous a fait décoller, et qu'il s'agit maintenant de rester au plus près du sol.

C'est, autrement dit, l'atterrissage du geste transcendantal. Il y a eu d'abord un décollage, qui a permis d'aller se confronter à nos existants transcendantaux, à nos croyances parfois. Il a ensuite fallu se confronter à la réflexion mondaine, mais toujours en se questionnant sous l'angle transcendantal. Enfin, il y a l'atterrissage immanent, où les questions mondaines sont intégrées dans l'« ici et maintenant », mais sans se vulgariser dans le monde, en restant dans le geste initié.

- *Vers un apprentissage « immanental »*

Nous comprenons bien qu'au fond il n'y a pas la transcendance d'un côté et l'immanence de l'autre, et qu'idéalement un terme hybride comme « immanen-tal » ou « immanental » nous serait bien utile pour montrer à quel point l'un et l'autre concept sont tout autant nécessaires, à quel point ils se renvoient l'un à l'autre, à quel point ils se nourrissent. Pour résumer, l'immanental, c'est nous ! C'est l'individu, c'est l'être humain, c'est la capacité qu'a l'être à pouvoir articuler une pensée transcendantale, une pensée prenant source dans la métaphysique et, dans le même temps, pouvoir plonger dans l'immanence, ramener la transcendance à un « ici et maintenant ».

Il est intéressant de noter qu'en phénoménologie, que ce soit avec Husserl ou Sartre, la transcendance se caractérise aussi par un au-delà du monde, mais qu'en même temps elle est inscrite dans le monde à travers le concept d'intentionnalité que nous avons vu. C'est en quelque sorte ce que nous voulons apporter *via* le concept d'immanental : la capacité de nouer l'au-delà du monde avec le « monde-là », avec le *Dasein*[1] heideggerien, si l'on peut dire.

Méliorisme et Apprentissage de soi

Nous venons de voir comment et en quoi l'Apprentissage de soi se nourrit des qualités intrinsèques de l'individu : capacité à la transcendance et son naturel lien avec l'immanence. Ces qualités, il s'agit de voir à présent comment les activer à bon escient, comment les mettre en dynamisme, en mouvement pour le soi, pour l'apprentissage de ce soi.

L'objectif initial est toujours identique : viser un mieux-vivre, une vie heureuse. Pour ce faire, il s'agit maintenant d'entraîner ce soi dans une démarche mélioriste, un processus volontaire d'amélioration de soi. Si notre existence se doit d'être tournée vers l'Apprentissage de soi comme nous le voyons, en consé- quence, l'amélioration doit être continue et soutenue. C'est pourquoi nous remettons, en quelque sorte, en cause la notion usuelle de « sculpture de soi », car une fois celle-ci effectuée, qu'en est-il de l'amélioration ? Qu'en est-il d'une progression ? Qu'en est-il du reste de l'existence ? Avec la sculpture de soi, nous visons un idéal qui n'existe finalement pas, auquel on ne peut aboutir définitivement. La vie est faite d'inconnues que nous ne pouvons évaluer préalablement. La vie est composée d'âges différents, et souhaiter une sculpture de soi dans son adolescence n'est significativement pas la même chose qu'à trente ans, et encore moins qu'à cinquante ans. Le procédé mélioriste a pour vocation de palier l'aspect figé de la sculpture de soi. Il s'intègre dans l'Apprentissage de soi dans un processus itératif et continu entre la vie et la pensée, entre la pensée et la vie. Il s'agit de penser et d'agir, d'agir et de penser. Toute sagesse relève de ce va-et-vient permanent au fil de la vie.

---

1. Le *Dasein* signifie littéralement « être-là ».

Le méliorisme recouvre l'idée d'actions visant à améliorer le monde, l'individu, le soi qui n'est pas parfait et qui, vraisemblablement, ne le sera jamais. C'est pourquoi il s'agit de le viser, mais en le réajustant régulièrement, en l'élaborant en même temps que nous agissons. Nous sommes ici tout à fait dans le propos de Voltaire quand, dans *Candide*, il exulte : « *Cultivons notre jardin.* »[1] Quand nous plantons des tomates dans notre jardin, nous souhaitons obtenir les meilleures possibles : des tomates grosses, bien rouges, avec un goût savoureux. Toutefois, indépendamment de notre désir, le soleil, la pluie, la sécheresse, la qualité de la terre nous obligeront à ajuster notre arrosage, à recouvrir peut-être les plants de temps à autre, à cueillir plus tôt que prévu... Que nous réserve la vie ? Que réserve-t-elle à notre moi ? Nous n'en savons rien. Se construire une vie avant de l'avoir vécue n'a pas de sens. C'est pourquoi l'amélioration et l'apprentissage se complètent. Il s'agit de viser ce que nous voulons, ce que nous souhaitons être pour obtenir un mieux-vivre, une vie heureuse. Cependant, nous savons que nous devrons nous ajuster au cours de notre vie, au cours de l'existence qui se confronte à l'environnement.

On peut comprendre cette position d'Apprentissage de soi en faisant un parallèle avec le darwinisme, qui expose que tout organisme individuel doit s'adapter pour survivre. C'est strictement la même chose pour l'âme et l'esprit qui doivent supporter une adaptation continue, permanente, nécessaire pour survivre. C'est la vocation de l'Apprentissage de soi que d'aider ce besoin d'adaptation. Il s'élabore en quelque sorte un darwinisme spirituel en chacun de nous, où notre pensée se fait, se fabrique, se construit, se modifie et s'adapte à ce que nous vivons.

Cette volonté d'amélioration est déjà présente chez Socrate, dont le but n'est pas la vérité pour elle-même, mais le souci d'une amélioration du moi – le fameux *epimeleia heautou* –

---

1. Voltaire, *Candide*, J'ai lu, 2004.

avec néanmoins la volonté d'avoir aussi pour conséquence une amélioration de la société dans laquelle le moi s'établit. L'objectif de l'Apprentissage de soi est en quelque sorte la réhabilitation de cet *epimeleia heautou*. L'Apprentissage de soi est individuel, mais n'est pas pour autant solipsiste puisqu'il contribue par capillarité à un Apprentissage de soi universel. Il incorpore et s'incorpore à l'existence, au monde, à son environnement. La volonté mélioriste de l'Apprentissage de soi n'est donc pas individualiste. Et si elle peut recouvrir un aspect parfois solitaire, parfois isolé, ce n'est qu'une phase transitoire, méditative visant à mieux « atterrir » dans le monde.

L'Apprentissage de soi dans notre quotidien

Nous l'avons répété plusieurs fois et nous l'avons vu au travers des auteurs étudiés, la philosophie s'effectue tout autant dans la pensée que dans l'action. Comment, dès lors, activer véritablement l'Apprentissage de soi ? Comment, concrètement, se connaître soi-même pour ensuite s'« apprendre » ? Et comment apprendre ? Comment mêler de façon pragmatique philosophie critique et philosophie pratique ? Bref, voilà toute une somme d'interrogations nécessaires à l'application de la philosophie comme Apprentissage de soi qu'il semble désormais important de voir en forme de conclusion et de voies à ouvrir.

Pourquoi s'améliorer, et comment ?

Pour comprendre comment concrètement s'interroger sur un Apprentissage de soi, il s'agit de se questionner préalablement sur pourquoi s'améliorer, et en premier lieu pour qui cette vie meilleure ? Qui sommes-nous pour la déterminer ? Nous ne proposons, bien sûr, pas de réponse type à ce questionnement particulièrement aride. Non pas que nous ne puissions pas répondre, mais cette réponse ne sera finalement que la nôtre, et celle-ci n'est pas universelle. C'est à chacun de jauger en quoi une vie meilleure peut être atteinte par la mise en œuvre d'exercices spirituels, ou autres d'ailleurs. Un Apprentissage de soi n'est pas universel, même si le concept en lui-même l'est vraisemblablement. Si des similitudes peuvent se retrouver, chaque apprentissage varie d'une personne à l'autre en fonction de sa personnalité, de son caractère, de son éducation. Si des bases peuvent être communes, elles ne peuvent être suffisantes. Par exemple, si tout un chacun s'accorde à dire que les propos de Marc Aurèle sont une base pour un Apprentissage de soi, personne ne peut affirmer qu'ils sont une fin en soi pour chaque individu.

S'améliorer est souvent perçu dans la philosophie contemporaine comme une amélioration qui a des répercussions aussi sur les autres. Cette perception n'est pas du tout inutile dans un apprentissage du quotidien qui est fait de relations à autrui. Ainsi, pour Ludwig Wittgenstein, philosophe autrichien puis britannique du début du XIXe siècle, se transformer, se maîtriser est un moyen clair de permettre l'amélioration de la vie des autres. « *Devenez meilleur, vous rendrez meilleur le monde* »[1], explique-t-il. Il y a, pour lui, un jeu de va-et-vient entre sa propre amélioration possible et l'amélioration d'autrui ou de la communauté dans laquelle il se trouve. Se maîtriser est le meilleur exemple pour convaincre les autres de se changer également à leur tour : « *Sera révolutionnaire celui qui sait se révolutionner lui-même* »[2], expose-t-il. Ou encore : « *Nul ne peut dire la vérité s'il n'est pas d'abord rendu maître de lui-même.* »[3] Sûr de ses convictions, dans la façon dont le philosophe peut changer le monde, Wittgenstein n'hésite pas, à l'aide de la philosophie, à vouloir provoquer un « *changement dans la manière dont les gens vivent* », afin que ceux-ci voient « *la graine qui grandit et devient un grand arbre* ».

---

1. Ray Monk, *Wittgenstein. Le Devoir de génie*, Odile Jacob, 1993.
2. *Ibid*.
3. *Ibid*.

Cette transformation, cette amélioration est tout aussi perceptible chez Foucault puisque, pour lui, l'« Apprentissage de soi »
serait même un objectif central de la vie philosophique : « *Ce
qui fait l'intérêt principal de la vie et du travail [sur soi] est qu'ils
vous permettent de devenir quelqu'un de différent de ce que
vous étiez au départ.* »[1] Cette approche de Michel Foucault est
liée avec le fait de réaliser sa vie « *comme une œuvre d'art* ».

Pratiquer la vie comme un art, penser la création artistique de
soi sont des axes d'Apprentissage de soi concrets que l'on peut
envisager dans son quotidien. Faire de sa vie une œuvre d'art
est un axe prôné par Foucault qui fait écho à Baudelaire autant
qu'à Nietzsche, ce dernier insistant pour « *devenir ce qu'on
est* »[2], reprenant à son compte une phrase de Pindare. Devenir
ce qu'on est, se créer soi-même relève particulièrement bien de
l'Apprentissage de soi car la création est un aboutissement en
soi. Ce n'est pas tant dans l'œuvre d'art qu'il faut lire la création
mais dans le geste créatif. De même que le geste transcendantal
permet de longer la voie de la pensée, le geste créatif permet
de ressentir la volonté, le désir de modifier, de changer, de
reproduire ce que l'on voit – par exemple pour la peinture –
avant même que cela ne soit achevé. Une phrase de Thoreau
est particulièrement juste et paradigmatique sur ce thème :
« *C'est quelque chose d'être capable de peindre un tableau
donné, ou de sculpter une statue, et de rendre ainsi quelques
objets beaux ; mais il est bien plus glorieux de sculpter et de
peindre l'atmosphère même et le milieu à travers lequel nous
regardons, ce que nous pouvons faire moralement... Chaque
homme a pour mission de rendre sa vie, jusque dans ses détails,
digne de la contemplation de son heure la plus élevée et la plus
critique.* »[3]

---

1. Michel Foucault, « *Technologie* » in *Dits et écrits II*, op. cit.
2. Friedrich Nietzsche, *Ecce Homo* in *Œuvres philosophiques complètes, tome 8*,
   Gallimard, 1974.
3. Henry David Thoreau, *Walden ou La vie dans les bois*, op. cit.

Qu'il s'agisse de création esthétique, de la volonté de devenir meilleur ou de se révolutionner, l'apprentissage et l'amélioration de soi ne relèvent pas de la performance, au sens de « devenir meilleur pour être dans l'exploit, dans le succès, être numéro un quelque part ». L'amélioration de soi s'effectue par rapport à soi, pour soi, même si cela peut rejaillir sur les autres et les conduire, à leur tour, à veiller à s'améliorer eux-mêmes. L'Apprentissage de soi consiste à établir un dialogue entre soi et soi, entre soi et son autre, un dialogue ininterrompu visant à l'apprentissage permanent pour vivre mieux, visant à être même, comme le dit Horace, « *une thérapie de soi-même* »[1], pour devenir et être, dit-il, « *ami de soi-même* »[2].

Une mise en œuvre de l'« immanental »

● *Le soi dans le cosmos*

Nous avons vu précédemment la proposition immanentale qui réunit à la fois les caractéristiques d'un individu et les attributs nécessaires à la pensée de l'Apprentissage de soi. On peut s'interroger sur l'application d'une telle pensée dans l'exercice de mise en œuvre d'un Apprentissage de soi.

La dichotomie qui s'opère et se rassemble sous un même chapeau nommé « immanental » s'effectue notamment, dans l'Apprentissage de soi, à travers l'acceptation, la compréhension et la conscience de l'incorporation de son existence dans le cosmos. Ce grand ensemble nous montre et nous construit concrètement dans la projection, à la fois d'une transcendance et d'une immanence. Pendant que nous effectuons la pensée de cette incorporation cosmologique, nous nous rendons spontanément métaphysiciens.

---

1. Horace, *Œuvres*, Flammarion, 1993.
2. *Ibid*.

La pensée de cette incorporation engendre le regard d'« en haut », le célèbre « point de vue de Sirius ». Nous apprenons, comprenons et acceptons que nous ne sommes pas seuls, que nous ne sommes que peu de chose, et dans le même temps que nous ne sommes toutefois pas tout à fait rien, puisque constitutifs de cette observation. Comment les choses pourraient-elles être si grandes sans une observation qui les rende ainsi ? Dès lors, nous revenons indubitablement à une immanence.

Adopter la position du « regard d'en haut » est l'une des nombreuses voies de l'Apprentissage de soi. Ce regard d'en haut se retrouve chez de multiples philosophes et poètes, et traverse toutes les époques. Il existe deux axes sur ce thème : la capacité, alors que l'on est à hauteur commune, habituelle, à se projeter dans un regard d'en haut, ou, plus concrètement, lors d'une position réelle de hauteur face à l'immensité de l'espace qui peut s'offrir à nous, que l'on soit sur une montagne, un mont, ou encore un arbre. Dans les deux axes, l'objectif est de jeter un regard sur le monde qui devient large, vaste et profond à la fois. L'immensité que nous savons, sans l'avoir régulièrement présente à l'esprit, devient cette fois réelle. Elle n'est plus une simple idée de vastitude. Nous sommes confrontés à la vastitude qui, instantanément, renvoie à soi, à l'étroitesse de notre savoir, à la faible taille de notre être, à notre si petite existence.

Le regard d'en haut renvoie à notre finitude, il renvoie finalement à la réalité, à l'existence pleine, une existence parmi d'autres, une existence qui s'impose par elle-même. Cette attitude nous fait prendre conscience que notre position, notre monde n'est pas éloigné de celui des insectes, des fourmis, de ces animaux que nous regardons se constituer en société, que nous regardons travailler, jouer, se reposer, naître et mourir.

S'évertuer à regarder d'en haut, conceptuellement, méditativement ou physiquement, c'est prendre possession du réel tout en réussissant à s'en arracher. Ce n'est pas lors d'une promenade en montagne ni dans un esprit poétique qu'il faut chercher à s'élever ; c'est dans son quotidien, c'est face aux difficultés qu'il faut tenter de prendre de la hauteur, ce qui permet de regarder la finitude de notre existence. « *Aller par-delà moi-même et toi-même. Éprouver d'une manière cosmique* »[1], nous dit Nietzsche, c'est ce qu'il faut viser en permanence.

Face à la vastitude du monde, de son existence contemplée dans les hauteurs, à quoi bon les objets ridicules de discorde entre les hommes ? À quoi bon se disputer le tracé d'une frontière de quelques mètres ? À quoi bon les querelles absurdes de caractères ? Face à la finitude de l'existence, à quoi bon le luxe ? À quoi bon l'abondance ? À quoi bon les besoins qui ne sont pas fondamentaux ? Face à l'étroitesse de notre être, à quoi bon les trahisons ? À quoi bon les pouvoirs ? À quoi bon la possession ? Pour se défaire de tout cela, Marc Aurèle conseille fortement cette position de hauteur : « *Dans les hauteurs, et que tu contemples de là-haut les choses humaines et leur diversité, comme tu les mépriserais.* »[2]

La confrontation des hommes face à eux-mêmes se fait dans ce regard d'en haut sur le monde que l'on apprend physiquement – lorsque l'on expérimente ce regard – et que l'on exerce méditativement – lorsque l'on a la nécessité de cette expérimentation.

* *Le soi endossant le passé et reconnaissant le futur*

Mêler transcendance et immanence dans l'Apprentissage de soi peut également s'articuler avec le regard que nous avons sur le temps. De très nombreuses écoles philosophiques montrent qu'il y a peu d'intérêt à s'intéresser au passé et qu'il y a une certaine inutilité à regarder le futur, préférant se concentrer sur l'instant présent. L'Apprentissage de soi ne s'inscrit pas dans ce

---

1. Friedrich Nietzsche, *Œuvres philosophiques complètes*, *tome 8*, Gallimard, 1974.
2. Marc Aurèle, *Pensées pour moi-même*, *op. cit.*

mépris du passé et du futur. Cela ne rend d'ailleurs pas simple sa mise en œuvre puisqu'il est demandé un effort non seulement sur la conscience du présent, mais également sur la considération des actions passées. Il faut prendre et apprendre du passé, qu'il soit proche ou plus lointain, des actions effectuées pour nourrir une réflexion aidant à la constitution d'un « meilleur » présent et d'un éventuel meilleur avenir. Se couper du passé de façon radicale, c'est risquer de ne pas apprendre de ses erreurs, c'est aussi se voiler la face de qui nous avons été, ce qu'il y a de bien et ce qu'il y a de mauvais. Dans le même temps, il s'agit d'apprendre en temps réel, c'est-à-dire de vivre au mieux l'instant présent dans l'objectif de se constituer un avenir où les obstacles potentiels auront moins de prise sur soi.

La pensée de l'instant, la concentration sur le moment présent, comme le souhaitaient certains Anciens ou d'autres, comme Goethe, est à l'évidence une nécessité, mais peut devenir une négligence ou une superficialité dès lors que l'on ne prend pas en considération ses actes passés et que l'on se préoccupe avec trop peu de réalisme de l'éventuel futur, quand bien même il serait très court. Entre l'instant présent et la mort inéluctable, qu'elle soit lors de la prochaine heure ou dans une cinquantaine d'années, il y a nécessairement un futur, un futur qui n'a pas à être négligé par la seule et unique pensée de l'instant présent. Pour le dire encore autrement, le moment présent est à vivre pleinement, et l'Apprentissage de soi incorpore cette dimension. Cependant, il tente de s'immerger dans les leçons du passé pour en tirer aussi des leçons futures.

L'Apprentissage de soi par la philosophie critique et pratique

Pour Aristote, une connaissance pratique ne peut s'acquérir que par la pratique, que par le faire. De fait, pour lui, mais aussi pour beaucoup de philosophes antiques, la philosophie au sens large est donc à exercer. Mais reste la question effective de l'exécution. Comment mettre en œuvre cette philosophie de l'Apprentissage de soi ? Une des réponses possibles, il y en a d'autres comme nous l'avons vu, est l'inspiration de modèles éminents. Le maître, le héraut séduisant, l'inspirateur charismatique est souvent celui que l'on suit, celui qui guide de par sa personnalité et ses enseignements. Toutefois, il ne s'agit pas de vénérer le personnage, et encore moins de l'imiter ; cela transformerait la philosophie en une idolâtrie. Que ce soit dans la philosophie critique ou pratique, les modèles sont nombreux. Il s'agit de s'approcher des uns et des autres pour en retirer la substance appropriée et bénéfique de son propre apprentissage.

Nous avons dit que la philosophie critique et la philosophie pratique sont les deux piliers de l'Apprentissage de soi. S'agissant de la philosophie pratique, il convient de s'appuyer sur certains penseurs, qu'ils soient issus de la philosophie antique ou contemporaine. La proposition, ici, est d'observer ces penseurs en se penchant autant sur leur biographie que sur leurs pensées, tout comme nous l'avons fait tout au long de notre parcours. Nous avons vu de nombreux auteurs dont la vie et la pensée semblent tout à fait séduisantes pour une mise en application directe. Par ailleurs, nous entendons souvent des philosophes antiques être cités, en nous demandant de nous en inspirer. Même s'il est vrai que leurs discours sont percutants et qu'il est intéressant de s'en inspirer, ceux-là datent toutefois de plus de deux mille cinq cents ans et ne peuvent véritablement servir directement notre civilisation. La philosophie antique est à l'évidence trop datée pour fournir des possibilités réelles dans la pratique contemporaine de la vie philosophique. Et si elle demeure actuelle, c'est uniquement sur les grands thèmes universaux que sont la mort, la vie, l'être car, comme le dit Foucault : « *Il n'y a pas de valeur exemplaire dans une période qui n'est pas la nôtre.* »[1]

---

1. Michel Foucault, « *À propos de la généalogie de l'éthique* » in *Dits et écrits II*, *op. cit.*

L'apport de la philosophie pratique pour l'Apprentissage de soi aujourd'hui doit donc en effet se concevoir dans des conditions de vie relativement actuelles, dans des exemples de vies proches des nôtres. C'est donc de penseurs contemporains que nous devons également nous inspirer, c'est auprès d'eux que nous avons le plus de chances de trouver une utilité pour notre vie, c'est le cas de Thoreau, Foucault ou encore Wittgenstein, par exemple.

Nous avons vu l'utilité de la philosophie critique dans la philosophie pratique, et réciproquement. Il s'agit maintenant de se demander comment la philosophie critique peut être une source d'inspiration pour un Apprentissage de soi. Effectivement, les exercices universitaires – dissertations, commentaires, mémoires –, la compréhension de concepts arides – ontologie, phénoménologie, contingence, transcendance, idéalisme, apodicticité, métaphysique – et la lecture de textes complexes – *L'Être et le Néant*[1] de Sartre, les *Méditations métaphysiques*[2] de Descartes, *Être et temps*[3] de Heidegger – sont-ils nécessaires pour mettre en branle un Apprentissage de soi ? On peut se poser la question, ce qui nous renvoie à l'opposition que nous avons étudiée plus haut. Notre réponse était alors claire ; si l'opposition n'a pas de sens, c'est parce qu'il n'y a pas de bonne et de mauvaise philosophie, et que les deux sont essentielles et se nourrissent. La philosophie critique et ses exercices, ses concepts et ses textes sont donc aussi fondamentaux pour une mise en œuvre de l'Apprentissage de soi. Ce n'est pas nécessaire, mais toutefois important.

La philosophie n'est pas une discipline simple, tout comme les mathématiques, la physique, l'anglais, le français, l'histoire, la géographie… elle exige un apprentissage. Cela semble parfois aride, complexe, indépassable. Cette perception est en effet

---

1. Jean-Paul Sartre, *L'Être et le Néant*, Gallimard, 1976.
2. René Descartes, *Méditations métaphysiques*, op. cit.
3. Martin Heidegger, *Être et temps*, Gallimard, 1986.

assez juste car ses obstacles ne se surmontent qu'au prix d'un travail exigeant, continu, relevant d'une véritable ascèse, ce qui finalement est l'essence de la philosophie dans l'Antiquité. D'ailleurs, notons que si l'on peut parler de philosophie populaire, c'est parce que tout le monde peut y avoir accès, parce que crescendo on peut arriver à une compréhension de la philosophie de façon exhaustive, mais cela nécessite d'en passer par ce long travail. On ne peut pas mentir en évoquant que la philosophie est abordable, qu'elle peut être à la portée de tous. Ce n'est pas vrai. La démocratisation de la philosophie est possible, uniquement dans le sens où tout un chacun a la possibilité de faire de sa vie une vie philosophique, mais cela a un coût extrêmement élevé. Soulignons au passage que cette possibilité reste extérieure à une très grande majorité de gens. Si nombreux soient ceux qui recherchent une vie vertueuse, un mieux-vivre, la plupart se tournent vers des styles de vie amenant vertu et bonheur de façon moins exigeante que le méliorisme philosophique. La philosophie ne se donne pas : on se donne à la philosophie. Elle est exigeante, complexe et déroutante, mais profondément, plus que n'importe quelle autre chose, proche de l'homme. L'homme est complexe, la philosophie le lui rend bien, pourrait-on dire.

Que nous soyons bien compris, l'idée n'est pas d'être « diplômé » de philosophie pour comprendre la philosophie, encore moins pour pouvoir la pratiquer. Cependant, il est important de comprendre que la philosophie, celle de l'Antiquité par exemple, n'est pas qu'une simple pratique de la philosophie qui semble accessible facilement. La philosophie antique, c'est aussi l'ascèse, les théories, les travaux entre disciples, les exercices personnels… Accepter la confrontation à la philosophie critique permet, outre d'enlacer complètement la philosophie, d'accepter aussi la philosophie telle qu'elle est aujourd'hui, donc son évolution. Sans juger celle-ci, il s'agit de l'évaluer pour jauger ce qui peut être ou non incorporable à son propre Apprentissage de soi.

Choisir la voie de la philosophie comme Apprentissage de soi

Qu'en est-il au jour le jour de l'apprentissage de notre « soi » ? Comment aujourd'hui gérons-nous cet apprentissage ? Existe-t-il ? Est-il présent dans chacune de nos vies ? Choisissons-nous l'apprentissage que nous vivons ? Nous pourrions, en effet, nous demander si, finalement, dès lors que nous ne le maîtrisons pas nous-mêmes, il y a un risque qu'il soit pris en main par d'autres… par la religion, par le travail, par la société de consommation, bref tout ce qui nous entoure et qui n'est pas nous-mêmes.

Dans notre vie, nous devons indubitablement effectuer des choix sur des questions existentielles. Nous devons répondre à des questions qui influeront sur la direction de notre existence. Quelles études ? Quels métiers ? Quel conjoint ? Quel type de vie ? Quel lieu d'habitation ? Quel engagement… ? Si ces questions existentielles émergent, c'est que si l'objectif d'une vie est peut-être connu à l'avance – être heureux, vivre du mieux possible –, le moyen d'y arriver, lui, ne l'est pas.

Il est intéressant de représenter ce questionnement existentiel par la lettre Y. Plus exactement, par l'embranchement entre les deux branches qui se dirigent vers le haut et indiquent chacune une voie. Systématiquement, nous portons notre choix vers le chemin qui paraît le plus simple, le plus pratique, le plus large pour atteindre le but de notre vie qui est d'être heureux. Cette voie est celle de l'éducation telle que nous la connaissons, du travail, de la vie sociale, la vie en société telle que nous la vivons et qui semble offrir le bonheur, au moins en apparence. La seconde voie à se représenter est plus complexe, plus longue, plus sinueuse. Elle garantit le bonheur et la vie heureuse, mais au prix d'un mépris de la première voie. C'est sur cette seconde voie, celle de la philosophie, que se trouve aussi l'Apprentissage de soi. Choisir de s'apprendre soi-même, c'est choisir la voie de la vie heureuse et sereine, mais dénuée de plaisirs matériels, dénuée de gloire et de richesse – tout du moins la richesse financière puisque les efforts se concentrent sur la richesse de soi.

Cette seconde position, ce second choix de vie, cet axe de la vie heureuse par soi et par la compréhension des choses importantes de la vie est compris et accepté devant l'approche de la mort, de la maladie, devant le malheur de soi ou d'un proche. Mais c'est bien avant ces difficultés qu'il s'agit de choisir une vie philosophique. Que cela aille bien ou non, il faut pratiquer les exercices spirituels permettant l'Apprentissage de soi. La philosophie est parfois prônée lorsque des problèmes surviennent : deuil, séparation, échec… La philosophie ne peut alors pas grand-chose puisque, nous l'avons compris, elle s'apprend, s'acquiert au fur et à mesure de son étude, de son analyse, de sa compréhension et de sa pratique. Il ne s'agit pas d'attendre le pire pour entamer des exercices spirituels ; commencer un Apprentissage de soi, c'est ici et maintenant. Rappelons les mots de Sénèque qui, dans une lettre à son disciple Lucilius[1], montre les prétextes que la majorité des gens prennent pour remettre à plus tard l'action de philosopher : « *Dès que j'aurai achevé cela, je m'appliquerai de toute mon âme", ou encore : "Quand j'aurai arrangé cette ennuyeuse affaire, je me donnerai à l'étude." Ce n'est point en vacances qu'il faut philosopher. Nous devons négliger toutes les autres choses pour nous appliquer à un objet pour lequel nous n'aurons jamais assez de temps, notre vie se prolongeât-elle de l'enfance jusqu'aux dernières limites de l'existence humaine.* »

Philosopher, ce n'est pas demain, c'est ici et maintenant. L'Apprentissage de soi, ce n'est ni demain ni aux autres de le faire à sa place, c'est ici et maintenant et c'est en soi, par soi et pour soi, avec les caractéristiques d'apprentissage dont nous avons parlé. L'Apprentissage de soi nous montre qu'il ne s'agit pas de philosopher pour philosopher, mais de philosopher

---

1. Sénèque, *Lettres à Lucilius*, op. cit.

pour vivre. L'Apprentissage de soi, comme le dit Goethe, c'est « *penser et agir, agir et penser, c'est la somme de toute sagesse […]. L'un et l'autre doivent éternellement alterner leur effet dans la vie comme dans l'aspiration et l'expiration. Il faut soumettre l'action à l'épreuve de la pensée, et la pensée à l'épreuve de l'action* »[1].

La philosophie est exigeante, l'Apprentissage de soi l'est tout autant. Apprendre de soi, s'améliorer est une ascèse continue et infinie. S'engager dans l'Apprentissage de soi, c'est à chaque moment de son existence confronter sa pensée à ses actions, ses actions à sa pensée.

---

1. Johann Wolfgang von Goethe, *Les Années de voyages* in *Romans*, Bibliothèque de la Pléiade, Gallimard, 1954.

Bibliographie

Arétée, *Des signes et de la cure des maladies chroniques*, trad. L. Renaud, E. Lagny, 1834.

Aristote, *De anima*, Flammarion, 1993.

Aristote, *La Politique*, Vrin, 1995.

Aristote, *Les Réfutations sophistiques*, Vrin, 2002.

Aristote, *Métaphysique,* Flammarion, 2008.

Athanase, *Vie de saint Antoine*, Delagrave, 1878.

Barbaras Renaud, *Introduction à la phénoménologie de Husserl*, Éditions de la transparence, 2008.

Baudelaire Charles, *Le Peintre de la vie moderne*, La Palatine, 1943.

Cicéron, *Lucullus*, 15.

Descartes René, *Traité du monde*, Gallimard, Bibliothèque de la Pléiade, 1953.

Descartes René, *Traité de l'homme*, Gallimard, Bibliothèque de la Pléiade, 1953.

Descartes René, *Secondes Réponses aux objections des « Méditations métaphysiques »*, Gallimard, Bibliothèque de la Pléiade, 1953.

Descartes René, *Méditations métaphysiques*, Flammarion, 1992.

Descartes René, *Les Passions de l'âme*, Flammarion, 1998.

Descartes René, *Discours de la méthode*, Flammarion, 2000.

Diderot Denis, *Le Neveu de Rameau*, J'ai lu, 2002.

Dodds Eric Robertson, *Les Grecs et l'Irrationnel*, Flammarion, 1999.

Dumont Jean-Paul (sous la dir. de), *Les Présocratiques*, Gallimard, 1988.

Eckermann Johann Peter, *Conversations de Goethe avec Eckermann*, Gallimard, 1988.

Épictète, *Entretiens*, Les Belles Lettres, 1962.

Épictète, *Manuel*, Flammarion, 1997.

Épicure, *Lettre à Ménécée*, Hatier, 1999.

Épicure, *Lettres et maximes*, PUF, 1999.

Épicure, *Lettres à Hérodote, Pythoclès et Ménécée*, Les Belles Lettres, 2000.

Épicure, *Lettres, maximes, sentences*, traduction française de J.-F. Balaudé, Livre de Poche, 1994.

Fink Eugen, *De la phénoménologie*, Éditions de Minuit, 1975.

Foucault Michel, *Les Mots et les Choses*, Gallimard, 1990.

Foucault Michel, *Surveiller et punir*, Gallimard, 1993.

Foucault Michel, *Histoire de la sexualité, tome 1 : La volonté de savoir*, Gallimard, 1994.

Foucault Michel, *Histoire de la sexualité, tome 2 : L'usage des plaisirs*, Gallimard, 1994.

Foucault Michel, *Histoire de la sexualité, tome 3 : Le souci de soi*, Gallimard, 1994.

Foucault Michel, *Dits et écrits I*, Gallimard, 2001.

Foucault Michel, *Dits et écrits II*, Gallimard, 2001.

Foucault Michel, *Qu'est-ce que les Lumières ?*, Bréal, 2004.

Goethe Johann Wolfgang von, *Romans*, Bibliothèque de la Pléiade, Gallimard, 1954.

Gouhier Henri, *La Pensée métaphysique de Descartes*, Vrin, 1982.

Hadot Pierre, *La Métaphysique de Porphyre*, Fondation Hardt, 1966.

Hadot Pierre, *Qu'est-ce que la philosophie antique ?*, Gallimard, 1995.

Hadot Pierre, *La Citadelle intérieure*, Fayard, 1997.

Hadot Pierre, *Plotin ou la simplicité du regard*, Folio Essais, 1997.

Hadot Pierre, *Éloge de Socrate*, Allia, 1998.

Hadot Pierre, *Exercices spirituels et philosophie antique*, Albin Michel, 2002.

Hadot Pierre, *La Philosophie comme manière de vivre*, Le Livre de poche, 2003.

Hadot Pierre, *N'oublie pas de vivre*, Albin Michel, 2008.

Heidegger Martin, *Être et temps*, Gallimard, 1986.

Héraclite, *Fragments*, Flammarion, 2002.

Homère, *Odyssée*, Gallimard, 1955.

Homère, *Iliade*, Gallimard, 1975.

Horace, *Œuvres*, Flammarion, 1993.

Houziaux Alain (Sous la dir. de), *Existe-t-il une spiritualité sans Dieu ?*, Les Éditions de l'atelier, 2006.

Husserl Edmund, *Leçons pour une phénoménologie de la conscience intime du temps*, PUF, 1983.

Husserl Edmund, *Idées directrices pour une phénoménologie*, Gallimard, 1985.

Husserl Edmund, *Recherches logiques*, PUF, 1993.

Husserl Edmund, *Méditations cartésiennes*, Vrin, 2000.

Kobayashi Michio, *La Philosophie naturelle de Descartes*, Vrin, 2000.

La Boétie Étienne de, *Discours de la servitude volontaire*, Mille et une nuits, 1997.

Laërce Diogène, *Vie, doctrines et sentences des philosophes illustres*, Flammarion, 1965.

Loyola Ignace de, *Exercices spirituels*, Seuil, 1982.

Marc Aurèle, *Pensées pour moi-même*, Arléa, 1995.

Monk Ray, *Wittgenstein. Le Devoir de génie*, Odile Jacob, 1993.

Montaigne Michel de, *Les Essais*, Arléa, 2002.

Nietzsche Friedrich, *Œuvres philosophiques complètes, tome 8*, Gallimard, 1974.

Nietzsche Friedrich, *Le Crépuscule des idoles*, Gallimard, 1988.

Pavie Xavier, *Exercices spirituels dans la phénoménologie de Husserl*, L'Harmattan, 2009.

Platon, *Phédon*, Gallimard, 1950.

Platon, *La République*, Gallimard, 1950.

Platon, *Apologie de Socrate,* Le Livre de poche, 1997.

Platon, *Théétète*, Flammarion, 1999.

Platon, *Alcibiade*, Flammarion, 1999.

Platon, *Phèdre*, Flammarion, 2006.

Platon, *Les Lois*, Flammarion, 2006.

Platon, *Le Banquet*, Flammarion, 2007.

Rabbow Paul, *Methodik der Exertizien in der Antike*, Munich, 1954.

Salisbury Jean de, *Le Policratique*, Pref, Droz, 2006.

Sartre Jean-Paul, *L'Être et le Néant*, Gallimard, 1976.

Sénèque, *Dialogues, tome 2 : De la vie heureuse ; De la brièveté de la vie*, Les Belles Lettres, 1981.

Sénèque, *Lettres à Lucilius*, Agora, Press Pocket, 1991.

Sénèque, *De la tranquillité de l'âme*, Rivages, 2006.

Starobinski Jean, *Montaigne en mouvement*, Gallimard, 1993.

Thoreau Henry David, *Walden ou La vie dans les bois*, Gallimard, 1990.

Thoreau Henry David, *La Désobéissance civile*, Mille et une nuits, 1997.

Trismégiste Hermès, *Fragments de Stobée*, Les Belles Lettres, 2000.

Voltaire, *Candide*, J'ai lu, 2004.

Xénophon, *Les Mémorables*, Flammarion, 1935.

Xénophon, *Banquet*, Hatier, 1996.

Zweig Stefan, *Montaigne*, PUF, 2004.

Dictionnaires et autres…

Lalande André, *Vocabulaire technique et critique de la philosophie*, PUF, 1991.

Littré, Le Livre de poche, 1990.

Lacoste Jean-Yves (sous la direction de), *Dictionnaire critique de théologie*, PUF, 2007.

Mercier de Saint-Léger Barthélemy, *Nouveau Dictionnaire*.

La Bible, Classique Modernes, Le Livre de poche, 1996.

Revue *Esprit*, « Le Temps des religions », juin 1997.

Index des notions clés

Index des noms propres

Table des matières

www.ingramcontent.com/pod-product-compliance
Lightning Source LLC
Chambersburg PA
CBHW070902270326
41927CB00011B/2437